时代楷模

系列丛书

国门卫士

王继才、王仕花夫妇的故事

海飞 主编 徐继东 著

海豚出版社
DOLPHIN BOOKS
中国国际传播集团

图书在版编目（CIP）数据

国门卫士：王继才、王仕花夫妇的故事 / 徐继东著
. -- 北京：海豚出版社，2024.3（2024.5重印）
（"时代楷模"系列丛书）
ISBN 978-7-5110-6413-4

Ⅰ.①国… Ⅱ.①徐… Ⅲ.①王继才 - 先进事迹②王
仕花 - 先进事迹 Ⅳ.①K825.2

中国国家版本馆CIP数据核字（2023）第236524号

国门卫士——王继才、王仕花夫妇的故事

海 飞 主编　　徐继东 著

出 版 人：王　磊

项目统筹：慕君黎
责任编辑：赵　耀　郭　澍
封面绘制：吉春鸣
内文插画：肖　勇
美术编辑：吴光前　李　利
责任印制：于浩杰　蔡　丽
法律顾问：殷斌律师

出　　　版：海豚出版社
地　　　址：北京市西城区百万庄大街24号　　邮　　编：100037
电　　　话：010-68325006（销售）　010-68996147（总编室）
传　　　真：010-68996147
印　　　刷：涿州市荣升新创印刷有限公司
经　　　销：全国新华书店及各大网络书店
开　　　本：32开（889毫米×1194毫米）
印　　　张：4.5
字　　　数：70千
版　　　次：2024年3月第1版　2024年5月第2次印刷
标准书号：ISBN 978-7-5110-6413-4
定　　　价：25.00元

英雄照亮时代 楷模就在身边

　　每个时代都有每个时代的英雄。

　　在炮火纷飞的战争年代，一批又一批的英雄为了中华民族的崛起而抛头颅、洒热血，他们的身上体现了中华民族优良的民族精神和崇高的民族气节。赵一曼、刘胡兰、董存瑞、黄继光、邱少云……这一个个闪光的名字和他们的英勇事迹家喻户晓，值得我们永远铭记。

　　如今，在我们身边，依然有无数的英雄，他们就是在各自的岗位上无私奉献的"时代楷模"。

　　"时代楷模"是由中宣部集中组织宣传的全国重大先进典型，他们的情操高尚伟岸，事迹厚重感人，影响广泛深远，充分体现了新时代"爱国、敬业、诚信、友善"的价值准则与中华传统美德。他们就像天上的星星，照亮天空，照亮我们这个时代。同时，他们也是普通人，在平凡的岗位上默默坚守，做出了伟大贡献。

为了更好地向中小学生讲述"时代楷模"的感人事迹，激发学生的民族自信心和自豪感，海豚出版社特此出版"时代楷模"系列丛书。丛书每册选取一位"时代楷模"（或"时代楷模"集体），并邀请国内知名儿童文学作家对其事迹进行文学加工，精心设计故事情节，生动刻画人物形象，以提高中小学生读者的阅读体验。

人生如扣扣子，第一个扣子扣错了，后边的扣子就会跟着错。万事开头难，难就难在要选择好正确的第一步——你想扣怎样的人生扣子，你想实现怎样的人生价值。只有第一步选对了，只有第一个扣子扣对了，你才能走好自己的人生路。

我们希望通过这套丛书，让中小学生走近这些当代英雄，了解他们的先进事迹，树立正确的价值观和远大的人生志向，"扣好人生第一粒扣子"。

海豚出版社

2019年12月

被誉为"海上布达拉宫"的开山岛

开山岛远景

王继才、王仕花夫妇通过高倍望远镜查看开山岛周边情况

王继才、王仕花夫妇在开山岛上巡逻

听『时代楷模』的感人故事

以英雄之光，照亮成长之路。

拓展故事

听同系列图书故事音频，用心传承时代精神。

数字人伴读

我是小睿，我能为你提供本书配套资源，还能解答阅读过程中的疑问，快来和我互动吧。

读书笔记

在线记录读书心得，分享你的阅读感悟。

配套音频

在声音里走近『时代楷模』，了解他们的先进事迹。

愿小朋友们像充满希望的向日葵一样，向阳生长，勤奋学习，快乐生活，做一名品德优良、热爱祖国的好少年。

毛国斌

2023.5.13

目　录

序：歌唱美好　涤荡灵魂

　　2002年初夏，机缘巧合，我第一次登上位于江苏省灌云县的开山岛，认识了守岛民兵哨所所长王继才。因为我们都是在农村长大的，所以很是谈得来。

　　王继才给我最深的印象是憨厚、淳朴，待人很热情，但是言辞有几分木讷。

　　2011年4月10日，我们再次登临开山岛，这一次在码头迎接我们的还是王继才和他的妻子王仕花。十年的时光似乎并没有太多地改变他们的容颜与性格，皮肤依旧是黑里透红，笑容依旧是淳朴憨厚。

　　这次登岛，我对王继才的印象也就更加深刻了，后来还撰写了一篇散文《开山岛上的夫妻哨所》，发表在地方报纸《灌云报》的副刊上。此后不久，我又以王继才女儿的视角，创作了一篇少儿小说《岛主的女儿》，该作品后来收录于本人的短篇集《那油菜花开的日子》。

2014年，王继才、王仕花夫妇被评为全国"时代楷模"。一时间全国各地媒体争相预约采访。

灌云县委县政府对此高度重视。为了方便外来记者尽快了解情况，提高效能，也为了最大限度减少重复采访对王继才、王仕花夫妇的时间占用，灌云县委宣传部专门组织五位"笔杆子"，对王继才、王仕花夫妇的事迹素材进行挖掘、收集和整理。

作为初始材料的整理者之一，我为我们的文本在后来的宣传报道中被广泛采用而倍感自豪。

2018年7月27日，王继才在执勤时突发疾病，抢救无效去世。噩耗传来，我十分痛心。

8月7日晚上，我在体育场散步，路遇一位宣传部领导，他建议我写一首纪念王继才的歌词。那天晚上回到家里，我仅用半个小时就写下歌词《守岛的汉子》。

2018年8月10日，灌云县委宣传部在网络上发布"关于公开征集全国'时代楷模'王继才同志歌词谱曲公告"，以歌词《守岛的汉子》为蓝本，面向全国征集曲谱。

2019年6月19日，由我策划拍摄的《守岛的汉子》MV在"学习强国"平台上展播。

2019年9月，在《口述王继才》一书的编撰工作中，本人担任编审。

从事新闻工作半辈子，关于新闻工作者的职责我总结了八个字，那就是：发现感动，传递温暖。在与王继才的交往过程中，我的感悟更深了一层：歌唱美好，涤荡灵魂。

是啊！我们在宣传先进典型时，我们自己的灵魂其实也得到了提升与净化。

01

武装部领导来电话了

许多年后，王继才依旧清晰地记得，那天在王政委的办公室里，两个人相见时的场景，以及王政委叮嘱的每一句话、每一个字。

那天早上，正在家里吃早饭的王继才，忽然听到架在村口老槐树上的大喇叭里冷不丁地冒出了自己的名字，而且还在不断重复，显得很急促，"王继才，王继才，县武装部王政委叫你到部里报到！"

王继才浑身上下打了一个激灵。他竖起耳朵一连听了三遍，才终于确信没有听错。

"可是这是一个什么样的重要通知呀？堂堂的县武装部政委，居然把电话打到了这偏僻的鲁河乡鲁河村大队部，而且指名道姓要找我王继才，接下来会有什么样的好事情呢？"王继才在心里直嘀咕。

1978年，王继才从灌云县四队中学高中毕业后，便回村务农。由于他为人公道正派，有文化，能吃苦，而且责任心又非常强，很快就被推选为生产队队长，后来又被组织任命为鲁河大队的民兵营长。

虽然说在此之前，王继才在民兵冬训时和后来的总结表彰会上跟王长杰政委有过几次短暂的交集，但是相互之间并没有更深的接触与交往。"公务繁忙的王政委咋就能记得我呢？"此刻的王继才，心里半是惊喜半是意外，更有一份被领导关注和赏识的自豪。

王继才一刻也不敢耽搁，他三下两下扒完碗里的饭，跨上自行车就往县城里赶。他来到了位于盐河西岸的灌云县人民武装部，风风火火地直奔二楼王政委的办公室。

"首长！民兵营长王继才前来报到。"王继才干脆利落地敬了一个标准的军礼。

身高一米八几的王继才，带着几分拘谨站在门口，等着领导训示，就像一尊威武的门神。

"进来进来！快坐下，先喝口水。"王政委对王继才报到的速度与表现显然非常满意。他和颜悦色地让座、沏茶。

双手恭恭敬敬地接过王政委递来的茶杯，王继才浅浅地啜饮了一小口，咂了咂嘴巴，又饮了一口，那淡淡的茉莉花香瞬间就融化了他内心的拘谨。

"小王，你老爸的身体还好吗？"王政委的口气亲切而随意。

"很好呢！王政委，你们认识？"王继才好奇地问。

"呵呵，老熟人啦！前天调阅你的档案，我才把你对上号。你的老爸王金华，是解放前加入组织的老党员，淮海战役时他带领乡亲们推着小推车支援前线，一夜奔走九十里，那真是了不起呀！你的二舅十六岁就参加了八路军，经历过抗日战争、解放战争、抗美援朝战争。他们都是立过大功的老同志呀，组织上一笔一笔都记着呢！"

王政委发自肺腑的一番褒扬，说得王继才满腔热血沸腾。

"王政委，今天叫我过来，有什么事您就尽管吩咐吧！"血气方刚的王继才，十分豪气地拍了拍厚实的胸脯。

"瞅你这急性子，跟你老爸还真像呢！"王政委十分满意地点了点头，他端起茶杯浅浅地抿了一口茶水，不紧不慢地问："小王，开山岛你去过吧？"

"前几年我们乡里民兵训练，经常组织大家到岛上去参观学习。"说起开山岛，王继才瞬间眉飞色舞起来。

那开山岛虽然不大，却驻守着四十多名来自天南海北的军人，锃亮的枪炮，飞驰的巡逻艇，还有那神圣"橄榄绿"，王继才做梦都想成为他们中的一员。

"现在国家战略布局有了新的调整，开山岛上的驻军已经撤出了。今年三月，省军区决定要在岛上设立民兵哨所。不瞒你说，我们部里也先后物色选派了四批人，可惜有的胆子太小，说是一个人在岛上害怕；有的很恋家，工作不安心；还有的人觉得报酬太少，不划算。他们当中，干得最长的也只有十三天。唉，常言道，'革命不是请客吃饭'，咱们也不能强求人家呀。"王政委摇了摇头，苦笑一下，"这一次，我们部务会上有人推荐了你，说你的条件最好，有文化有能力，而且军事素质和政治素质都很过硬。所以今天特地把你叫来，征求一下你的意见。对了！现在你也不用急着表态，回家认真想一想，再跟家里人好好合计合计，等你考虑成熟了，再给我一个答复，你看这样好不好？"

言罢，王政委笑吟吟地看着王继才。

一个人？驻守海岛？这对谁都是一个巨大的挑战呀。这个问号太沉重了，王继才觉得自己手忙脚乱，有些扛不住。他一急之下都不知道该如何接话，也不敢仓促回答。

幸亏王政委善解人意，他把答复的时间做了人性化的延后。

王继才一边连连点头，一边嘴里含糊其词地说着"是、是、是"。

王继才心事重重地起身告辞，可当他走到楼梯口的时候，王政委又在身后叫住了他。

"小王，把这个带给你老爸，你要代我向他问个好呀！"王政委不容分说地把一个纸包塞进王继才的手里。

王继才眼见推脱不了，只好接了下来，嘴里连声道谢。

"呵呵，再客气的话你就是见外了！"王政委那宽厚的手掌，在王继才的后背重重地拍了两下，既是对客套的制止，也算是道别。

王继才真切地感受到那一份拍打的深意，既亲切，又温暖，还充满了殷切的期待。

下了楼梯，王继才迫不及待地打开纸包一看，原来是一双崭新的解放鞋，而且是正宗的部队军鞋。那橡胶的味道很柔和，跟市面上的仿品大不一样。

回家的路上，王继才骑车的速度比来的时候慢了好多。

王长杰政委的叮嘱在他的耳边一遍一遍回响。他心里自然明白，为国家守岛，可不是为生产队看麦子，这是一件多么崇高的事情呀。男子汉大丈夫，谁不想干一番轰轰烈烈的事业呢？再说了，自己作为一个默默无闻的农村青年，能让县里的领导看得上，千挑万挑地选上台面，这是多大的信任多大的荣耀呀！

可是转念一想，如果自己选择守岛，家里的方方面面就都顾不上了。老爸老妈正在一年一年变老，体力与精力大不如以前。媳妇王仕花是村小学的民办教师，学校和家里都要用心操持。女儿王苏刚满三岁，也正是需要大人陪伴的年龄。自己毕竟是这个家庭的顶梁柱呀！怎样才能做到两全其美呢？

王继才前思后想，左右为难。

02

一位老党员的情怀

"继才，回来啦？"

心事重重的王继才刚进村口，就被那熟悉的叫唤声吓了一跳。

王继才扭头一看，果然是老爸。只见他独自一人坐在老槐树下的石碾上。低头再看看那满地凌乱的烟蒂，显然老人家已经在这里翘首等待好久了。

"老爸，你在这儿干啥呢？"王继才揣着明白装糊涂。

"我就等着你小子报喜呢！早上那喜鹊一个劲儿地唱，我就知道今天准有好消息。"老父亲眉开眼笑地看着王继才，"你快给我说说看，那王政委找你干啥来着？"

"也没啥大事，武装部打算安排我去看守开山岛。"王继才摸不准老父亲对这件事的看法，只怕有负于老人家的满眼期待，所以故意说得轻描淡写。

"守岛？难道这事还不够大吗？"父亲睁圆双眼，盯着王继才，大声追问，"岛上不是有一个连队在把守吗？怎么又要安排你这民兵营长去呀？"

"噢！事情是这样的。先前的驻军都已经撤走了，往后守岛的任务就要安排民兵来执行了。"眼见老父亲一脸的疑惑，王继才连忙解释道。

"那你们民兵也要部署一个连吗？"老人家兴趣十足地问。

"不！武装部现在就是打算派我一个人上去。"王继才老老实实地说。

"一个连的任务，现在就要你一个人来完成？不会吧？"老人家惊喜得不行，可转念一想，不对呀；他疑惑地诘问，"为什么全县一万多个民兵非得要挑你？莫非你有三头六臂不成？"

老人家心里巴不得这一切都是真的。对于老王家来说，这是多大的荣耀啊！可是他心里又感到很不踏实，而且越想越觉得这事儿不靠谱。这个王铁牛，不会是跟咱们开玩笑吧？

当年的模范队队长王长杰，绰号王铁牛，闲着的时候最爱开玩笑了。

"我也不知道部里为啥要挑选我呀！"老父亲连珠炮般的追问，一下子把王继才给问懵了。"是呀是呀！全县民兵足有一万大几呢，王政委他们咋就会单单挑选上我了呢？"王继才使劲地抓挠自己的后脑勺，努力想挠出一个明确的具有说服力的答案。

"难道就是因为去年民兵冬训时我组织工作能力突出？难道是因为那次大比武我的步枪精度射击和战术基础动作的成绩遥遥领先？"想到这里，王继才一直纠结不安的心情真是豁然开朗。组织的信任、领导的青睐，这是一份怎样的光荣啊！一份舍我其谁的荣耀感与自豪感在王继才心里油然而生。

"王政委说了，王继才你小子呀根正苗红，值得信任。你的老爸是个支前模范，二舅是个抗日英雄！"王继才忽然提高嗓门，学着王长杰政委的语调字正腔圆地说。

"王政委真是这么说的？他还记得咱们这些乡下老农民？"老人家显然听着很受用，他不放心地追问道。

"千真万确呀！王政委还要我代他向你问好呢。

瞧！这一双崭新的军鞋就是他送给你的。"王继才从车筐里取出纸包交给父亲。

"你看看，你看看，人家的水平！模范队走出去的那一拨干部，我最佩服王政委了。上次座谈会上，王长杰就一再叮嘱大家：'穿解放鞋，走革命路。'他这也是在提醒我这老家伙，不能给你拖后腿呢。"老人家双手微微颤抖，乐呵呵地接过纸包，满心的喜悦溢于言表。

父亲的喜悦深深地感染了王继才。

"继才啊，你什么时候走马上任呀？"父亲满眼期待地看着王继才。

走马上任！老人家嘴里这个庄严的词汇，显然是从淮海锣鼓《杨家将》里学来的。此时，在他的眼里，被点将守岛的王继才，就跟那镇守边关的杨宗保一样，策马横枪，英姿勃发。

"这个……这个暂时还没定下来呢！"王继才的舌头不由自主地打了一个结，"王政委的意思就是让我回来跟你、跟仕花商量商量，再做决定。"

"当年我推着小车上前线，也没回家商量呀。这是天大的美差呀，你还商量个啥呢？"父亲一拍大腿，急得跳了起来，他真怕节外生枝再冒出其他变故，"我就问你一句话，你自己心里是怎么想的？你究竟想不想接这个任务？"

"我当然想去啦！"王继才毫不含糊地大声应答，"回来的路上我也掂量了。一个人住在岛上，辛苦倒也罢了，我最放心不下的还是家里你和老妈，还有仕花和孩子呀！"

"我和你妈是绝对不会拖你后腿的！"老父亲掷地有声地说，"待会儿你跟仕花商量，要是她不同意你去守岛的话，你会咋办呢？"

知子莫若父。果不其然，老父亲轻轻一点，就点到王继才的软肋。是呀？媳妇王仕花要是死活不同意，这事还真难办呢。

王继才下意识地挠了挠后脑勺，他的心里当然清楚了，媳妇王仕花身为教师通情达理，不过要是较起真儿来，那个性也是很强的。能不能说服她还真要打一个大大的问号呢。

看着儿子抓耳挠腮的憨厚样，老父亲心里忍不住想笑。

"干大事嘛，你就要拿得起放得下，有所取舍，不能过分打你的小九九。你想，淮海战役的时候，前线缺啥我们就无条件地送啥。为了搭建应急浮桥，我们好多人把自家的房子都给扒了，把房梁和门板一起捐了出去。筹集军粮的时候，你奶奶把家里的三十斤小麦种子都上交了，那真是眼睛眨都没眨一下。你要知道呀，把种子都捐了意味着来年就得饿肚子，弄不好还得逃荒要饭去！陈毅元帅说得很实在啊，淮海战役的胜利，是人民群众用小推车推出来的！好家伙，当时我们动员的民工多达500万人，小推车就有88万辆，有谁计较过个人得失呢？"老父亲点上一根纸烟，慢悠悠地吸上一口，"别看你二舅身高矮你一个头，要是时光倒退三十年，守岛这活儿，你是绝对抢不过他的呀。"

从小到大，在王继才的心目中，二舅就是神一样的存在。二舅十六岁就参加了八路军，虽然说身高只有一米六几，但是反应敏捷，胆大心细，每次遇到难啃的骨头，组织尖刀班时他总是抢着报名，而且每次都能圆满完成任务。

要是他还年轻，这守岛的任务估计谁也争不过他呀！

"爸，那你说我现在该咋办呢？"六神无主的王继才低下头来，虚心向老父亲讨教。

"依我看嘛，如果你真心想去守岛，唯有'先斩后奏'。咱先别跟仕花交底了，你不妨先去干一阵子嘛，试试自己的能耐。如果你觉得能干好，回来再告诉她也不迟呀。要是实在接不下这活儿，也别癞蛤蟆垫床腿——硬撑了，你悄悄回来也算是给自己留条退路。"父亲长长地吐了一口烟，献出了一个锦囊妙计。

"老爸，还是你老考虑得周全啊！"王继才情不自禁地竖起了大拇指。

03

登岛的日子

经过深思熟虑，王继才下定决心要去开山岛守岛了！

他听从了老爸的建议，事先没有跟妻子兜底。直到临行头天晚上，准备收拾换洗衣服的时候，他眼见实在是瞒不下去了，才含糊其词地说："仕花啊，武装部的王政委交代我一个任务，我得外出几天。"

"你什么时候动身呀？"正在灶台前忙着做饭的王仕花回头瞄了一眼，也没太在意。

身为妻子，谁不巴望着自己的丈夫能够出人头地呢？在王仕花的眼里，人高马大的王继才那真是帅得不行，而且现在真是越来越出息了。连县里的领导都在大喇叭里喊他名字呢。最近村里的老老少少都在谈论这事。每每想到这些，王仕花的心里都美滋滋的。

"他们说明天早上来车接我。"王继才字斟句酌，害怕自己会说漏嘴。

"哎呀呀！这么大的事儿，你咋不早说呢？"王仕花一听，扔下手里的饭勺，忙不迭地到菜园子里摘菜，然后像变魔术一般，转眼之间就端上了一盘西红柿炒蛋和一盘倭瓜虾皮。

"县里的领导派车来接，你这是多大脸面呀？"王仕花心里有些遗憾，要是王继才早点说出来，今晚就能多整几个菜，把公公婆婆和他二舅都请来，一大家热热闹闹地喝两杯了。不过现在二人对饮也不错。

想到这里，王仕花转身从橱柜底层摸出半瓶过年时喝剩下的白酒。

真是难得呢！今天晚上她要放开量，好好陪丈夫喝两盅。既是庆贺，也算是饯行。

可以毫不夸张地说，1986年7月14日，是一个重要的转折点。这个平凡得不能再平凡的日子，彻底改变了鲁河大队民兵营长王继才的人生轨迹。

7月14日上午，王长杰政委带着两名武装干事，风尘仆仆地来到燕尾港镇码头。他们和王继才一起登船，迎着冉冉升起的朝阳，向着开山岛方向起航。

为了登岛灵便，也是为了节约开支，武装部今天租借的是一条很简陋的小渔船。

渔船离开码头越来越远了。一直在陆地上生活的王继才，忽然觉得心里空落落的。

在一望无际的大海里，25米长的木质渔船，就像一片小小的树叶，在汹涌的波涛中一起一落。

在广阔无垠的大海面前，毫无例外，每一个人都在瞬间就变得那么渺小，所有的小心思，在这里都显得微不足道。

400马力的柴油机就像一头不知疲倦的猛兽，一路"突、突、突"嘶吼着，劈波斩浪，推动着渔船艰难前行。

坐在甲板上，王继才出神地望着在两侧伴飞的群鸥。只见它们张开翅膀，高一声低一声地叫唤着，紧贴着渔船飞翔，那样子似乎一点也不怕生。

看着它们一路追随不离不弃的样子，王继才的心微微一颤。他在心里自说自话："这些可爱的小精灵，该不会是受了某种感应，代替家人前来给我送行的吧？可是哪一只是我家的仕花呢？哪一只又是乖巧的闺女呢？"

想到自己这一次瞒着爱妻前来守岛，王继才的心里就有些不安。不过他转念一想："我这终究也不是干什么坏事呀，过些天就是知道了，明白事理的仕花也不会责怪我的。"

"你们就等着瞧吧，我王继才一定要把领导交给我的任务完成得特别棒，决不会给你们丢脸的。"他在心里暗暗起誓。

"继才，你看！前面就是开山岛了。"坐在一边的王政委，这时轻轻地拍了拍王继才的肩膀。

王继才一愣神，心想："奇了怪了！以前人多的场合，王政委都是直呼我的大名，人少的时候才会叫我小王，今天这是怎么啦？刚才在码头上，他就一口一个'继才'，那口气亲切得就像是自家那慈爱的老父亲。"

"是呢，是呢！都说望见山能跑死马。按照这个速度呀，估计还得半小时才能到。"王继才连忙接过了话茬儿。

开山岛，别名铜钱山。虽说它的面积只有两个足球场大小，最高点仅仅36米，但是作为我国黄海前哨，战略位置非常重要。因此，开山岛一直以来都有驻军守护。

开山岛上怪石嶙峋，陡峭险峻，山坡上有层层叠叠的营房，远远眺望，恰似拉萨的布达拉宫，所以周边的渔民都美滋滋地称开山岛为"海上布达拉宫"。

王继才的出生地鲁河村距离海边不远，他从小就听过很多关于开山岛的传说。

有的说，有一次二郎神担山追赶太阳，因为脚步过于匆忙，担子里掉下了一块小石子，后来就长成了一个形状突兀的小小岛屿。

更有人言之凿凿，说这开山岛是海龙王的神秘宝库，小岛的肚子里满满地存放着数不清的铜钱。谁要是有缘的话，从海上捞起一根七色芦苇，就能打开柜门，取出富可敌国的财宝。

……

"王政委，您说，开山岛的战略位置是不是特别重要啊？"这几天，有几个问题，王继才一直琢磨不透。

"当然重要啦！记得去年民兵冬训时我就给你们讲过的呀。"王长杰情不自禁地就提高了语调，一脸严肃地说，"当年日本侵略军在连云港遭遇强烈阻击，碰了一鼻子灰。1939年3月1日，日本侵略军第五师团首先侵占了开山岛，随后以这个小岛为跳板，在灌河口登陆，一路烧杀抢掠，直逼苏北文化名城海州……"

"可是，既然这么重要，我们的驻军为什么要撤走呢？"王继才把埋藏在心底的疑问和盘托出。

王长杰政委听了，微微一愣，随即就朗声笑了起来。说实话，他现在越来越喜欢这个爱刨根问底的年轻人了。

"继才啊！落后是要挨打的。现在全世界的战略思想都在推陈出新，我们也必须与时俱进呀。中央军委作出科学决策，三年之内裁军100万，这一份魄力与自信可以说是震惊了全世界！我们精简整编的目的是什么？我们就是要进一步提高效率，最大限度地提升部队的反应速度，最高强度地增强部队的战斗力。"王长杰政委意味深长地说，"军区把开山岛上的驻军部署到了更加迫切需要的岗位上，不是说开山岛就不重要了。正如我们千挑万选，把你一个民兵营长派到岛上来，也并不是说民兵营长这个职位不重要呀。我们就是要把好钢用在刀刃上，用在更关键的地方呀！"

王政委深入浅出的一席话，真是醍醐灌顶，说得王继才豁然开朗。

经过一个多小时的颠簸，渔船终于靠近了开山岛那简易的小码头。

一根湿漉漉的缆绳，拴牢了风的蛊惑与浪的骚动。

有些眩晕的王继才强作镇定，一纵身跨上码头。这会儿他方才明白，脚踏实地的感觉是真的好啊。

王长杰政委带着两名干事，卸下了被褥行囊、米面粮油，还有各种瓶瓶罐罐。

回过神来的王继才有些不好意思了。他连忙转身过来抢着搬运。

"你可别抢哈！压箱底的精细干粮都在我这里呢。"生性开朗的船老大乐呵呵地笑着，从船舱里递过三扎云山白酒，还有用塑料袋包裹着的香烟。

云山白酒是灌云县特产，质优价廉，深受城乡居民的喜爱。

王继才心里纳闷："平日里我也不抽烟不喝酒，王政委这是干吗呢？"

"住在岛上湿气重，偶尔抿两口酒，可以解乏提神，还可以促进睡眠。"王政委一眼看破了王继才的困惑，乐呵呵地笑着说。

王政委的一席话，说得王继才心里暖洋洋的。

"难怪老爸对他那么敬佩，人家考虑问题还真是周密细致啊。"

04

一串沉甸甸的钥匙

安置好生活用品，王政委就从值班室的柜子里取出一个边上系满了钥匙的木质圆盘。在圆盘的外沿，密密麻麻地写满了数字，那就是每把钥匙各自对应的房间号。

王继才从没有见过这么多的钥匙有条有理连在一起，"要说军人做事，这种精细缜密的作风确实让人肃然起敬。"

81个房间，46把钥匙。

王政委不厌其烦地一一打开，一一介绍。接着就是讲解每天巡岛的线路、观天象的要求、写日志的重点。看得出，王政委一句一句讲得格外用心，王继才一字一字也听得入心入脑。

"走！我们去看看后面的防空洞。"王长杰兴致勃勃地在前面一路引领，带着大家来到一个隐蔽得很好的洞口处。

"吱呀"一声，两名年轻的干事合力推开那沉重的铁门。那铁门足有半尺多厚，据说中间灌注了水泥，可以抵御各种轻武器的攻击。

穿过铁门，王继才眼前一亮，从来没有想到啊，在这小小的开山岛下面，居然还隐藏着四通八达的军事设施。

"你来看看，当年在这岛上驻守的官兵，为了这备战工程，一锤一锤敲打，付出了多少的心血和汗水呀！这一份弥足珍贵的精神财富，我们必须一代一代地传承下去。"王长杰政委饱含深情，一字一顿地说。这话乍听起来像是在宣讲，可仔细回味一下，又更像是他发自内心的立誓。

山洞里的回声很大，王继才觉得王政委说的每一个字，都是催人奋进的鼓点。

因为要赶着潮水才能及时回港，船老大在码头上急不可耐，把双手合拢成喇叭状，一连催促了三次。

王政委紧紧地抓住王继才的双手，用力地握了又握，嘴巴一连张了三次，才说出"保重"两个字来。

原来口才甚好的领导也有词穷的时候呀。

生性木讷的王继才，从那握手的力度也深切地感受到王政委的殷切期望和良苦用心。

"再见！再见了！"站在海风猎猎的码头上，王继才望着渐行渐远的渔船，心底忽然就冒出了一丝莫名的失落与苍凉。

人们常说，人生来便是群居动物，看来确有道理啊。好多的个体只有置身于群体之中，才能活得更踏实，也更有安全感。

王继才放下高高挥舞的手，他对自己内心深处那一闪念的恐慌很是警觉。

"怎么会这样呢？也太软弱了吧？"他在心里暗暗告诫自己，"王继才，你可不能辜负领导的厚望呀！"

在开山岛告别的码头上，王继才从王长杰政委的手里接过那一大串营房的钥匙，就像接过一杆沉甸甸的钢枪。那一份无限温暖的信任与托付，让王继才没齿难忘。

他深深地明白，这一串钥匙，远比神话传说里那

一串沉甸甸的钥匙

能够打开财富之门的七色芦苇更加珍贵啊！因为从这一刻起，他要守护的就是一个国家的主权和一个民族的尊严啊！

回到岛上，王继才顾不上整理堆放在板床上的行李，他提着系满钥匙的木质圆盘，沿着王政委引领的线路，又重新走了一遍。

81个房间，46把锁头，他一一开启，再一一锁牢，就像一个牧人，在清点核实自己的牛羊。

上学时，老师经常说，"一把钥匙开一把锁"，讲的是哲学道理。

生活中，老辈人常说，"一把钥匙开一把锁"，说的是人情世故。

看电影时，只有吝啬的老财主腰上，才有可能挂满叮叮当当的钥匙，那是权力与财富的象征。

对于身陷囹圄的犯人，狱卒腰上的钥匙，是至高无上的权威。因为它可以打开你身上的枷锁，打开通往自由的大门。

对于饥肠辘辘的乞丐，粮库看守腰上的钥匙，是至高无上的权威。因为它可以让你吃饱肚子，给你一份体体面面活下去的期望。

王继才从来也不敢奢望的呀，国家今天居然把这么多的钥匙交到了自己手里，把神话里海龙王的神秘宝藏交到了自己手里，把日本人垂涎三尺的登陆跳板交到了自己手里！这是多大的信任啊！这又是多大的责任啊！他真怕自己在工作中稍有疏忽，会留下什么差池来。

王继才真想把此时此刻的心理感受与远在老家的爱妻一同分享，可惜岛上的通信条件十分落后，甚至连照明的电灯都没有。唯一的对外联络方式，是一部老旧的军用电话，而且还是手摇式的，需要呼叫总机才能转接到武装部。这里的一切真是太原始啦！

在规定的每天三次巡岛和记录海防日志之余，王继才收拾房间，整理生活用品，再忙中偷闲清理门前杂草，不知不觉天色已晚。

王继才熬了半锅浓稠的米粥，就着自备的咸菜干儿，草草对付了两大碗，算是他守岛日子里的第一顿晚餐。

他正想躺下美美地睡上一觉，可是一场大戏却提前开场了。也不知道从哪里冒出的那么多蚊子，就像赶庙会一般蜂拥而至，"嘤嘤嗡嗡"地哼着小曲，听得他心里瘆得慌。

王继才只觉得左边的肩膀钻心般的刺痛，他本能地伸手拍击，"叭"的一声脆响，右手掌心留下了指头大小的一团血迹。

他凑近马灯仔细端详，好家伙！那蚊子血糊糊的尸体就跟小蚂蚱似的，足有两厘米长。这里的蚊子比老家的蚊子大了一倍，而且嘴巴和腿也显得特别长。

在这人世间也行走26年了，王继才还是第一次见到这样的"巨无霸"蚊子呢。灌云县民间的"麒麟调"里就有唱词道："开山岛上啥都少，只有蚊子长得好，三只就能炒一盘，五只保管你吃饱。"王继才当时听了觉得纯粹就是信口开河，现在看来，民间艺人的口头创作，原来也是有现实原型的呀。

王继才心想，糟了，这荒岛上的蚊子大概也是好久没有"开荤"了，一个个都快馋疯了。如今陡然嗅到这汗腥味儿，待会儿准要发起"自杀式"围攻。

想到这里，王继才哪里还顾得上洗脸刷牙呀，他连忙把门窗关得严严实实，算是布下了第一道防线。

王继才灵机一动，把照明的马灯小心翼翼地提进了蚊帐里，然后盘腿而坐，故意把蚊帐的门留下二寸缝隙，引诱小股胆大妄为的蚊子进入他的"伏击圈"。

洁白的蚊帐，就像高精度的雷达一样，蚊子一旦进入立即就暴露了踪迹。王继才眼明手快，双手贴近蚊子轻轻一拍，不仅不会玷污蚊帐，命中率还极高。

那天晚上，童心大发的王继才用短短一个小时，就当场击毙了37只嗜血的"入侵者"。

05

坚守的苍凉

一天、两天、三天……算起来，岛上的生活才刚刚开始。

最初的新鲜感还未淡去，生活的艰辛就迫不及待地撩起了面纱。

王继才终于明白了，前面的几任守岛者为什么会半途而废，岛上没有淡水，没有电，还有就是独处的寂寞，这比蚊子的围攻还要可怕。

都说水是生命之源，是我们生存不可或缺的必需品。其实电和水一样，也是我们最依赖的宝贵资源之一。可以说，用电和用水是现代人日常生活最为基本的需求。

为了防止蚊虫叮咬，经过几天摸索，王继才总结了岛上自我保护的三条经验，那就是：早吃饭、早洗漱、早关门。做好三个早，就可以把蚊子的大部队拒于第一道防线之外。

由于岛上没有淡水资源，饮用水也只能依靠那一方收集储存雨水的水窖。在岛上，每一滴淡水都显得那么金贵。为了最大限度地节约用水，王继才也只能用小半盆洗脸的水草草擦洗身子，然后再洗洗脚。

王继才说，他琢磨发明的一整套"擦洗技术"，可以说是最节水的洗浴模式，应该是可以申请技术专利的。

洗漱完毕，关好门窗，躺在床上的王继才却翻来覆去，怎么也睡不着。

长夜漫漫，开山岛上的长夜，长得令人绝望！

果不其然，人的身体一旦放松下来，脑细胞的活动就会变得加倍地活跃。他一会儿想到妻子，一会儿想到女儿，一会儿想到老父亲老母亲，一会儿又想到王政委，有时候还会想到村里一同长大的年轻人……脑海里的画面不断切换，就像一部滥用蒙太奇的老电影。

王继才默默地提醒自己，也该睡觉了，不能再这样胡思乱想下去。

为了能让自己尽快进入梦乡，他不知怎么就想起了王政委带来的云山白酒。王政委说，那酒是可以解乏提神、促进睡眠的!

王继才翻身从床底下摸出一瓶，径直就咬开了瓶盖，他看也没看一眼，"咕咚、咕咚、咕咚"，三大口下去，就喝掉了小半瓶。

嚯! 还真是灵丹妙药呀。王继才顿时觉得眼皮干涩，脑袋沉重。不一会儿就响起了酒气扑鼻的鼾声。

这几天，气温越来越高了。

每天晚上在那门窗紧闭的值班室里休息，也变得益发艰难。

王继才有心打开门窗通风，又怕那嗜血如命的大蚊子蜂拥而至。可是关起门窗吧，又闷热得令人窒息。

为了哄着自己踏踏实实地睡上一觉，王继才不得不一而再，再而三地"恳请"云山白酒帮忙。

一直以来，王继才都不好烟酒。在他的眼里，抽烟喝酒不仅仅是金钱的浪费，更是一种不太体面的习惯。逢年过节家里来了客人，他硬着头皮陪上两杯，脸上很快就有了颜色。等客人走了，那剩下的半瓶酒放在碗橱里，常常是落满了灰尘，他也想不起来再打开。

就连他自己也没有想到，上岛短短一周时间，他与云山白酒的感情与日俱增，白酒俨然成了慰藉心灵、情投意合的知心朋友。

按道理，喝酒的人，对下酒菜都是颇为讲究的。可王继才偏偏例外，他不讲究什么下酒菜，捉点螃蟹鱼虾，要不就到岩石上现敲几个牡蛎，开水涮一涮，要是实在这些都没有，碗橱里的老陈货萝卜干、咸菜干来一些，也能对付。为了赢得一个舒舒服服的睡眠，王继才已经放弃了任何附加条件。

说起来，酒精的作用真是"妙不可言"！

这天早上，王继才从酣畅淋漓的睡梦中醒来，他赫然发现，席子上已经被汗水浸出了一个清晰的人形。哎哟，要不是酒精的作用，想必他一整夜翻身打滚，怎么可能睡得这般踏实呢。

王继才说，在守岛的日子里，无论多么困倦疲劳，他都不敢午休。因为他心里明白，一旦睡了午觉，漫漫的长夜就更加不好对付了。

这天中午，烈日炎炎。为了躲避昏昏沉沉的睡意纠缠，王继才强打起精神，来到防空洞里巡查。

夏日里的防空洞，凉风习习，确实是个乘凉的好去处。

王继才下意识地从衣兜掏出一包还没拆封的玫瑰烟。

刚才出门的时候，王继才特意带上了香烟。

王继才吸烟，几乎都是礼节性的被动抽烟。比如左邻右舍婚礼、寿宴上的敬烟，你好歹也是一位大队里的干部呀，有头有脸的，人家客客气气地敬你一支，你就得客客气气地接过来点上。

至于像今天这样，自己衣兜里带烟带火，还真是破天荒呢。

防空洞的出口处，凉风习习。王继才席地而坐，他吸了一口烟，半眯着眼睛，倾听山脚下海浪与岩石的窃窃私语，还有远处海鸥心有灵犀的和鸣。

不知道为什么，现在每次听到海鸥的歌唱，王继才立马就会想起爱说爱笑的王仕花，还有爱唱爱跳的宝贝女儿，这几乎成了条件反射。

半梦半醒，似睡非睡。

王继才看到女儿王苏就像一只快乐的小麻雀，一边奔跑，一边不停地呼喊着爸爸，他忘情地张开双臂迎了上去……

就在王继才伸出双手，眼看着就要抱住女儿的一瞬间，忽然，一只横空伸出的手臂，冷冰冰地推开了他。

"你不是喜欢不告而别吗？你的心里还有我们娘儿俩吗？"原来是妻子王仕花，正一脸寒霜地在边上大声诘问。

从睡梦中愕然惊醒的王继才这才发现，原来是一个梦。

更让他惊诧不已的是，刚才那点儿工夫，自己竟然坐在这洞口就睡着了！

隐隐约约的，好像是在后半夜，岛上起风了。

狂躁的海风，就像强盗一样，蛮横地拍打着门窗。

懵懵懂懂的，王继才觉得有一股子风似乎已经破门而入，到处沙尘飞扬。

第二天早上，王继才感觉浑身上下又痛又痒，伸手抓挠，原来脸上、胳膊上已经留下几十个被蚊子叮咬的大包。

王继才仔细打量，昨天晚上压在席子下面的蚊帐下摆，不知怎么搞的都已散开了。在蚊帐里面，还有十几只肚皮都快被血液撑破了的大蚊子。

王继才怒不可遏，那真是双掌一拍一个血团。

"打死你，流淌的却是我的血！"王继才看着自己血迹斑斑的双手，心头闪过一丝莫名的悲凉。

这几天，王继才总是感到莫名的烦躁。

一种无边无际的孤独感令人窒息，令人绝望。

"我还能不能坚持下去呢？我还能在这里坚持多久呢？"面对这样的问题，王继才自己都有些犯疑惑了，不敢理直气壮地正面回答。

人类生来就是群居动物啊！每个人都需要社交，需要交流，都在内心热切渴望一份来自群体的依靠和温暖。

王继才终于理解前任守岛者为什么会落荒而逃了。看来在这登岛之后的13天到19天之间，也是人的精神与肉体的忍耐极点，类似于体育运动上的撞墙期。

王继才努力警告自己，眼睛别再看办公桌上的电话机。他真怕自己一下子忍不住，会发出放弃的信号。

记得上高中时，学校举办运动会，身材高大的王继才被班主任指定参加8000米长跑。

那一天，在学校的运动场上，当王继才跑到第四圈的时候，他忽然感到身体不适，就在他心里掂量着是不是要放弃的关键时刻，突然，架在杨树枝丫上的大喇叭，传来了播音员振奋人心的呐喊声："同学们加油！加油啊！现在就是最艰难的时刻，熬过这一阵子就好了。"

王继才至今都清晰地记得，是那位播音员的加油声，给了他坚持下去的信心和动力，帮他克服了运动撞墙期的绝望。

王继才咬牙坚持，调整呼吸，不仅坚持跑到了终点，还获得了第二名的好成绩。

在你最艰难的时刻，一定要咬牙坚持！这是那一次长跑比赛留给王继才的宝贵经验。

06

惊心动魄的一夜

那一天的台风，是在傍晚时分登录开山岛的。

更准确地说，是席卷，是丧心病狂、摧枯拉朽式的席卷。

前一天，王继才就接到台风将要过境的电话通知，武装部要求切实做好防台风工作。接到通知后，王继才丝毫也不敢怠慢，他逐一巡查瞭望台、灯塔，关牢每一个房间的门窗。

平生第一次近距离接触台风，王继才不仅没有害怕，反而还隐隐地心存一份能够大开眼界的期待。

王继才坐在山坡上，心平气和地抽了老半天的烟，可他四下里眺望，蓝天白云，风和日丽，始终没有一点儿山雨欲来风满楼的苗头。

今天上午，王继才再一次接到台风逼近的电话通知，上级重申一定要认真落实防台风措施。

王继才望了望阳光明媚、万里无云的天空，他一边细致排查，一边在心里嘀咕："这台风预报看样子也真是不怎么样！"

"你说东风转南风，南风转西风，西风转成小旋风，有时三四级，有时五六级，一不留神也能七八级……"

王继才正在那儿饶有兴趣地念叨着儿时的歌谣，这时候，一股黏糊糊的风从东南方向吹来。

果然，起风了！

他抬眼望去，就在小岛的东南方向，一大片黑压压的乌云，似乎是从海面陡然冒出来的。云借风势，滚滚而来，仿佛是千军万马疾驰，卷起了漫天尘土。

"黑云压城城欲摧，甲光向日金鳞开。"王继才触景生情，忽然想起中学课本里的诗句，他满怀激情地朗声吟诵。

风在海面上急速狂奔，溅起了万重浪花。

"来啦，来啦，台风真的来啦！"

半是亢奋半是紧张的王继才，想想还是放心不下，他踩着风的节奏，要把山上山下的每一个房间再查看一遍。

"来啦，来啦，台风来啦！"王继才一边奔跑，一边气喘吁吁地大声呼喊。这一会儿，恐怕连他自己也说不清楚，究竟是在为谁呐喊助威。

一间一间，一排一排。

王继才检查了小岛的前面，再检查小岛的后面。

前后不到半个时辰，呼啸而来的台风已经逼近了开山岛。

在风的蛊惑和怂恿下，平日里耳鬓厮磨的海水和岩石瞬间反目成仇。

台风掀动着海水，竖起了一面二三十米高的水墙，狠狠地砸向沉默寡言的岩石，砸向孤零零的小岛，发出了巨大的响声。

此时，王继才觉得自己身子已经几乎失控了，步履艰难的他被海风裹挟着、推搡着，寸步难行。

狂风卷起的沙砾、杂草打在身上火辣辣地疼。

一阵暴风过来，王继才被狠狠地打翻在台阶上。

他顾不上胳膊的疼痛，艰难地爬了起来。王继才下意识地摸了摸后脑勺，暗自庆幸没有磕碰在岩石上。

为了最大限度地降低风的阻力，他也只能猫着腰往前跑。

坏了！由于自己大大地低估了台风的威力，看来今天还真要出大事，弄不好这条小命都要搭上了。王继才在心里暗暗地警告自己。

在陆地上出生的人，谁能深切体会台风的疯狂与可怕呀？

又一阵歇斯底里的暴风，王继才再一次被打翻在地。

王继才咬紧牙关爬了起来，他擦了擦脸颊上的汗水与泪水，定睛瞄准值班室的方向，连滚带爬扑了过去……

王继才手忙脚乱地打开值班室门锁，钻进了他的小小避风港。

王继才再想关上房门，发现已经力不从心。

暴风似乎也看破了他的心思，恼羞成怒地撞击着门板。

一次、两次、三次……王继才不断调整姿势，他使出了吃奶的力气，用右肩死死地抵在房门后面，终于在暴风喘息的瞬间把房门关了起来。

吃一堑，长一智。为了防范不测，王继才又搬来办公桌抵在房门的后面。他想想还不放心，又把自己休息的床拖了过来，牢牢地抵在办公桌的后面。

失去了攻击目标的狂风，有些气急败坏，它声嘶力竭地怒吼着，贼心不死地拍打着门窗。

王继才真切地感受到，房屋在震颤，地面在震颤，甚至整个小岛都在暴虐中震颤。

大难不死、劫后余生的惊悸与庆幸，让这个铁打的汉子号啕大哭。

"王继才呀王继才！你怎么会一个人流落到这孤岛上呢？刚才如果稍有闪失，是不是小命就没了？连一句遗言都来不及留下的呀！"王继才想到父母的养育之恩还没有好好报答，想到妻子王仕花还没有用心疼爱，想到天真无邪的女儿还没有精心呵护……太多的遗憾与不舍啊！蓬头垢面的王继才坐在床上，眼里的泪水怎么擦也擦不完。

……

恍恍惚惚中，时间也不知道过去了多久，仿佛是漫长的一个世纪。

"哐啷啷！哐啷啷！"隔壁传来了玻璃碎裂的声音。

那尖厉刺耳的声音像一把刀，深深地扎在王继才惊魂未定的神经上。

王继才打开手电一照，床头闹钟显示还不到十点。

"嘀嗒、嘀嗒、嘀嗒"，闹钟的有条不紊让人莫名地烦躁。

窗外的暴风丝毫没有善罢甘休的迹象。

这狂风还将纠缠多久呢？这暴雨会不会把整个小岛淹没了呢？

一切都是未知的。

对结果的未知大大地助长了胡思乱想的活跃，也助长了恐慌的肆意蔓延。

为了有效遏制恐慌的骚扰侵袭，王继才从床底下摸出一瓶云山白酒。

王继才嘴巴对着酒瓶口，"咕咚"吞下一大口，心里默念，这一口是敬天的！

王继才舔了舔干裂的嘴唇，"咕咚"又是一大口，心里想着，这一口是敬地的！

第三口，毫无疑问，是要敬父母的。

第四口又该敬谁呢？王继才有点儿犯难了？王仕花偶尔也会喝点儿，可每次端杯，她就跟小猫咪舔水一样，那点儿酒量怎么可以一口闷呢？

王继才举起酒瓶，"咕咚"再来一大口，嘴里大声嚷嚷："这一口我要敬你开山岛啦！咱们俩今天也算是共过生死的了，你是条汉子，兄弟佩服呢。"

那天晚上，是王继才有生以来第一次醉酒。

他连一颗下酒的花生米都没有，就这么干喝，一瓶云山白酒见了底，把他灌得烂醉如泥。

在这暴风雨中，王继才总算睡着了。

07

为自己点个赞

从某种意义上来说，正是这一场狂暴肆虐的台风，进一步增强了王继才与开山岛生死与共的信念。

尽管在那狂风怒号、山崩地裂的时刻，他也曾经本能地哭过、醉过、后悔过，可等到雨过天晴时，一股不屈不挠的豪迈油然而生。

正如王长杰政委所说，不承受风暴洗礼，不经过生死考验，也许连你自己都不清楚骨骼里的含钙量究竟能有多高。

既然你打不垮我，我就要扬眉吐气，笑给你看。

王政委和风细雨的一通电话，让王继才身心倍感温暖，充满了自信和无穷的力量，也更加清晰地读懂了自己内心深处的向往。

"为什么以前解放军战士就能够坚守？我王继才一定要以他们为榜样！"

"政委您放心好了，我王继才是不会当逃兵的！"王继才放下电话，就马不停蹄地开始了巡岛工作，把岛上建筑及相关物品的损毁情况一一清点登记。

在王继才的心目中，军人的营房应该是最干净、最整洁的地方。台风过境后的满目疮痍，让人看着心里特别难受。可是，要清理的垃圾实在是太多了，还有那么多破损的门窗需要维修加固，王继才单枪匹马，干起来很慢。于是他也只能采用蚂蚁搬家的策略，化整为零，一点一点清理，一间一间维修。

修修补补，忙忙碌碌，让王继才的守岛生活变得很充实，也更有节奏感。

都说体力劳动是最好的安眠药，看来也确有道理。

记得以前上学的时候，老师说，红军爬雪山过草地，长途奔袭，体能消耗到了极致，有时候扶着前面战友的肩膀，走着走着居然就能睡着了。当时听说这些红色传奇，少不更事的同学们都觉得不可思议。

等到王继才担任生产队长的时候，才体会到站着也能睡着的滋味。每年"夏收夏种夏征夏管"四夏大忙，男女劳动力那都是连轴转呀！特别是小麦的抢收和脱粒，一定要赶在雨水来临前进仓入库，所以大家干起活来必须争分夺秒。

身为生产队长的王继才，事事都爱身先士卒。有好几次，他在赶着水牛打场的时候，走着走着，就真的摇摇晃晃地打起了瞌睡。

这几天，由于劳动强度的加大，好久没有负重的王继才觉得腰酸背痛，晚上只要脑袋一靠枕头，绝对立刻就能进入梦乡。至于窗外的风声、涛声，以及蚊虫"嘤嘤嗡嗡"的哼哼，对他再也不能构成干扰了。

一旦摆脱了那度日如年的焦虑与煎熬，办公桌上的日历翻起来也就很快了。

这天早上，王继才在记录守岛日志的时候，不经意地翻了一下台历，他会心一笑，原来他登上开山岛已经26天了，比前任的最高记录高出了一半。

王继才在心里为自己高高地竖起了大拇指。

"王继才！你真是好样儿的。"他学着领导的口气，给予自己一次口头表扬。

每次巡岛经过防空洞的时候，王继才总是喜欢在洞口的岩石上心无旁骛地坐上一会儿，再点上一根烟。

防空洞的洞口有非常明显的峡谷效应，海风被狭长的山洞放大了强度，洞口非常凉快，而且没有蚊虫。

王继才眯着眼睛望着海天相连的远方。望着望着，他就能清晰地看到，爱妻王仕花牵着女儿王苏的手，一路唱着欢快的歌儿，踏浪而来。

> 请到天涯海角来，
>
> 这里四季春常在，
>
> 海南岛上春风暖，
>
> 好花叫你喜心怀。
>
> 三月来了花正红，
>
> 五月来了花正开，
>
> 八月来了花正香，
>
> 十月来了花不败。
>
> 来呀来呀来呀，
>
> 来呀来呀来呀……

上学的时候，身材娇小的王仕花就爱唱爱跳，是宣传队里的文艺骨干。后来当上小学老师，虽说登上舞台的机会少了，但是每次亮相，都能赢来一阵阵热烈的掌声。有时候，她在家里一边洗衣服做饭，一边随性哼唱几句，王继才听着心里非常受用。

王继才是一个性情木讷的人，他不爱多说话，不擅长唱歌，热闹的场合他总是喜欢躲在不起眼的角落，老老实实做一名观众。不过只要有王仕花登台，他一准站在最闪亮的前排，带头鼓掌喝彩，当一名热心的"啦啦队"队长。

王仕花非常喜欢沈小岑演唱的这首《请到天涯海角来》。那一次村里的小学组织文艺汇演，她就登台演唱了这一首。那天晚上，蹲在台口的王继才非常高兴，硬是把自己的掌心都拍红了。

王继才出神地想，咱们这开山岛算不算是天涯海角呢？如果王仕花来到这里，会不会开心歌唱呢？

只可惜呀，这里也太荒芜了，既没有花，也没有果。除非遇上迫不得已的紧急情况，不然就连周边的渔民都懒得上来歇歇脚。他们嘴里的开山岛，就是"石头多，泥土少，台风经常来骚扰。飞鸟路过不做窝，因为这里吃不饱"。

想到这些，王继才不由得有些神色黯然，颇为沮丧。

请到天涯海角来，

这里瓜果遍地栽，

百种水果百样甜，

随你甜到千里外。

柑橘红了叫人乐，

芒果黄了叫人爱，

芭蕉熟了任你摘，

菠萝大了任你采。

来呀来呀来呀，

来呀来呀来呀……

五音不全的王继才，唱着唱着，心里就有了一个大胆的计划。

"好啦！你们大家伙就等着瞧吧，我一定要想方设法把这里也栽上果树种上花，到时候我要把王仕花、王苏，还有所有新朋老友都风风光光请到岛上来做客，让你们看看不一样的开山岛。我王继才保证说话算数！"此刻，王继才在心里给自己许下一个花团锦簇的愿望。

这天下午，在整理档案柜的时候，王继才无意中发现了两台半导体收音机。他饶有兴趣地捣鼓一番，装上备用电池，其中的一台居然还能正常收听。

王继才如获至宝。现在他连巡岛的时候，都要把收音机带在身边。

王继才一直隐隐地担忧，一个人在这孤岛上，要是太久不和人交流的话，语言的功能准会退化的。

现在好了，有了这个宝贝在身边，他不仅听到了好多外面的消息，有时候，他还有目的地跟着收音机里的人说，听到了歌曲就跟着唱，听到了相声就跟着笑，有时听到了球赛，他还会欣喜若狂地跟着现场的观众大声喝彩，蹦跳着喊"加油"呢。

08
秘密任务

这一天傍晚，王仕花从学校匆匆忙忙地回到家里，看到自家的大门依旧紧闭，她的心里一咯噔，不由得暗暗抱怨起来："看来这个家伙真是野了，怎么还没有回来呀？"

王仕花掐指一算，丈夫王继才这一次外出已经29天了！

那天临行前，王继才含糊其词地说，是县武装部的王政委交代一个任务，要外出几天。王仕花心想，人家县里的领导瞧得上你，顶多也就是借用三五天。当时她光顾着高兴了，也没有多想，也没有细问。可是现在一走都快一个月了，居然杳无音信。王仕花越想心里越不踏实。

王仕花转身来到公婆的院子里，公婆和三岁的女儿王苏都围在井台边上剥毛豆。

"爸，你这边有没有继才的消息呀？"王仕花故作轻松地问。

"咋啦？不是说跟着王政委执行任务去了吗？"公公吸了一口旱烟袋，以问代答。

"可他这是什么样的秘密任务呀？还不能捎个口信回来？他一拍屁股就走了这么久？究竟是要等到什么时候才晓得回家呢？"王仕花越想越气，语速快了，语调不由得也就高了起来。

"队伍里有队伍里的规矩。你要是不放心的话，明天就打电话问问武装部的领导好了。"公公王金华摆了摆手，风轻云淡地说，"人家王政委用人，也是千挑万选的。要我说呀，咱继才跟着这样的领导干，错不了。"

公公王金华慢条斯理的一席话，就像兜头浇下的一盆井水，瞬间就浇灭了王仕花满腔的火气。

身为小学教师，王仕花活泼开朗，知书达理。她转念一想，公公说得的确有道理呀，全县的基干民兵那么多，人家王政委能到这偏僻的鲁河乡鲁河村点名召唤你家王继才，那也真是算得上万里挑一的呀。

想到这些，王仕花内心的不快和阴郁一下子就云消雾散了。

这天中午，王仕花正夹着备课笔记脚步匆匆地往学校走，在那尘土飞扬的乡村道路上，一辆农用拖拉机迎面疾驰而来，王仕花退到路边小心避让，却不想拖拉机在她的身边突然停了下来。

"嫂子，去学校呀！"

王仕花抬头一看，开车的原来是王继才的发小刘大龙。他们两人在一起从小玩到大，两人在一起无话不谈。

"大龙，最近你这是忙啥呢？"王仕花觉得两家人已经好久没有走动了。

"呵呵，刚刚帮人家送了一车肥。"刘大龙憨憨地拍掸头上的灰尘，"对了嫂子，哪天大哥从开山岛上下来，一定要记得喊我坐坐呀。"

"什么？开山岛？你说什么呢？"王仕花听了，微微一愣，连声追问。

"原来嫂子你还不知道呀？你看我这嘴！"刘大龙自知失言了，一个劲儿地拍打着后脑勺。

在王仕花的一再追问下，刘大龙不得不把自己知道的一切和盘托出。

原来王继才执行的秘密任务就是独自一人守岛去了。

王仕花真是做梦也没有想到，自己的丈夫竟然会一个人憨头憨脑地去守岛！更让她无法理解和不能原谅的是，他竟然还处心积虑瞒着自己！这还是她心目中那个憨厚淳朴的王继才吗？看来一直以来还真是小瞧他了。

记得那一年媒人介绍王仕花去相亲，说："这个王继才呀，不仅个子高，人也长得帅，有文化有水平，而且不抽烟不喝酒，忠厚老实，人品非常好。你想想看呀，人家年纪轻轻就当上了生产队长、民兵营长了，没有两把大刷子能行吗？"

对于媒人眉飞色舞的褒扬，王仕花当时听了，心里也是将信将疑。世上哪有这样完美的男人呀？不过关于王继才的传说，她也确实早有耳闻。

1978年，王继才高中毕业后，就回到鲁河乡鲁河村务农。王继才为人谦和，吃苦耐劳，因此很受村里器重。

当时生产队的队长和指导员，都是上了年纪的农民，文化水平普遍不高，也就是依靠多年积累的经验指挥农业生产。一旦遇到农药勾兑、肥料配比，以及新品种繁育等技术活儿，就显得力不从心了。

高中毕业的王继才，可以算是村里的高才生了，也就自然而然地成了队里科技推广普及的主力队员。

精耕细作，科学种田。王继才虚心向老辈人讨教，把祖祖辈辈积累的老经验与新品种、新科技有机融合。

这位"农家秀才"很快就被推举为生产队长。那一年，王继才带领村民们，苦干实干加巧干，夏秋两季粮食生产都获得了大丰收，亩产和总产增幅等指标在全公社都名列前茅。为此，公社曾经多次在鲁河大队的田间地头召开现场会，组织各大队的基层干部观摩学习。

在王继才担任鲁河大队民兵营长的日子里，村里还曾发生过一件颇为蹊跷的盗窃案。

那年夏天，就在生产队准备交公粮前一天夜里，堆放在仓库里的3000多斤优选的小麦居然不翼而飞了。因为仓库的门锁依旧完好无损，分别掌管两把锁头钥匙的会计和保管员，也都有不在现场的证人，一时间，村民们把这件无头案传得沸沸扬扬，很多人疑神疑鬼、惶惶不安，私下里都说这一定是"黄大仙"干的。

在当时的苏北农村，好多上了年纪的人都很封建迷信。

大队长找来分管民兵与社会治安的王继才商量对策。

从不信邪的王继才毫不迟疑地说，哪来的黄大仙呀？分明就是"人大仙"干的嘛，顶多也就是懂得一些开锁的技能罢了。

王继才不动声色，他沿着仓库周边的道路不断扩大搜索范围，仔细勘查，终于在一处洼地潮湿的泥土路上发现了蛛丝马迹，原来是载重的独轮车留下的车辙，而且是来来往往好几趟。王继才断定，偷粮食的家伙一定是来自相邻的这个小村庄。

王继才与大队长一合计，决定使出一招敲山震虎好引蛇出洞，随即与邻村的干部协调，并故意放出口风，说是第二天将组织两个村的民兵挨家挨户搜查。

伸长耳朵四处打探消息的偷粮贼一听，坐不住了，夜深人静的时候开始转移赃物，不想被暗中巡视的民兵抓了一个人赃俱获。

想到这里，王仕花不禁感叹："好你个王继才呀！果真是越来越出息了，你都把瞒天过海的计谋用到枕边人的身上了。"

王仕花越想越气，她扭头就向大队部走去，她现在就要给武装部王政委打电话，一定要把这个执行秘密任务的家伙立即揪回家！

09
一个大惊喜

王继才今天下午接了一个电话，很是开心。

王政委说明天要来岛上看看他，还说顺便要补充给养。

"给养"两个字，有一份金光闪闪的神圣感，有一股子傲然挺立的正气，一下子就提升了这个民兵哨所的档次。王继才立马觉得，这里的一切都是非常正规的，一切都是那么崇高，他这个民兵哨所的所长当得值啊。

即便是前些日子受了一些惊吓，受了一些委屈，王继才也不好意思再抱怨一个字了。

王继才甚至都有点儿为上次电话里的号啕哭诉感到汗颜。

那一天台风侵袭，让血气方刚的王继才第一次萌生要当逃兵的念头，他拿起电话就对着王政委号啕大哭。哭泣就是代表后悔，下面的潜台词自然就是恳请领导另请高明了。

　　可是，王继才听到电话那头的老政委哽咽道："继才，你真的辛苦了！把你一个人孤零零地安排在那儿，我心里也觉得有些对不起你啊！"

　　年过半百的老政委就像慈爱的老父亲一样，默默地听他倾诉，连一个字也没有苛求，仿佛就是专心等着他接下来的退堂鼓。

　　就在这时，王继才浑身上下忽然就打了一个激灵："我这是干吗呢？难道真的要当逃兵不成？"他觉得自己的身子似乎已经陷入了一片颓废的沼泽，而且正在向着更深处沉沦。不行！多少年淬炼的刚正耿直的人生观，决不允许他觍着脸皮装孬。

　　"老领导，今天让您见笑了！"王继才警觉地擦了擦眼角的泪水，掷地有声地总结道，"王政委您放心好了！我王继才是决不会半途而废当逃兵的。我这就是私下里向您诉诉苦而已！"

　　王继才的自觉与自省，让老政委刮目相看。

　　"小子，你真的有种啊！你这拼命三郎的性格跟

你二舅、跟你老爸年轻时真是一模一样啊！"王政委
长长地吁了一口气，由衷地赞叹，"听说过没？你二
舅在朝鲜战场上，身中两枪，可他咬紧牙关一直坚持
到援军接应。在这之前，卫生员把他的衣袖都拽坏
了，硬是拖不下火线啊！"

当时，那一份流淌在血液里的骄傲与自豪，就像
一团灼热的火焰，在王继才的胸腔里熊熊燃烧。

"我不是一个人在战斗啊！二舅和老爸都在身后
默默地看着我呢。"

家族的荣誉是至高无上的！这完全值得我们用青
春和生命去誓死捍卫。

"继才啊，你睁大眼睛给我等着，明天上岛我还
要带给你一份特别的惊喜呢。"

王政委在即将挂断电话的时刻，冷不丁冒出这么
一句。

"王政委，什么样的惊喜呀？您给我透点口风好
不好？"王继才像孩子一样迫不及待地追问。

看着王继才的胃口已经被高高地吊了起来，王政
委得意地大笑起来。

"要是我现在就告诉你的话，还算哪门子的惊喜
呀？你就耐心等着吧。"

一个大惊喜

63

"啪"的一声，王政委挂了电话。

王继才真没有想到，平日里一脸严肃的王政委，开起玩笑来还真是有趣，他三言两语就能把你的胃口吊足了。

王继才呆呆望着已经挂断的电话机，心里嘀咕，究竟会是什么样的大惊喜呢？一身崭新的迷彩服？一双炫酷时尚的战斗靴？当然，也有可能是一支霸气十足的56式步枪。

身为开山岛民兵哨所的所长，王继才做梦都想拥有一支这样的真家伙。

不得不承认，王继才敏感的预判非常精准。

第二天，王长杰政委果然带来了迷彩服、战斗靴，还有他朝思暮想的56式半自动步枪，但是，最大的惊喜还不是这些。

为了尽早揭开"惊喜"的谜底，这天上午，王继才在巡岛之后，早早就来到码头上，翘首等待王政委乘坐的渔船。

阳光明媚，海风徐徐。坐在水泥浇制的系缆桩上，王继才满心期盼地搓手等待着。

有人说，等待的时光总是特别地煎熬，也特别地漫长。可是王继才却认为，今天的等待是幸福的，因为他心里踏实，他知道有一份惊喜正在一步一步靠近，马上就会在自己的眼前缓缓打开。

这些天，已经渐渐适应了岛上的寂寞时光，王继才的心境也变得格外广阔、格外平和。

终于，远处有了一叶小船的影子。

王继才拿起挂在脖子上的军用望远镜，聚焦，凝眸。

天啊！船头上那个穿着红衬衫的年轻女子是谁呀？他屏住呼吸仔细端详，哎哟，不正是自己朝思暮想、日夜惦念的王仕花吗？

王继才这会儿才回味过来，王政委这个玩笑开得有水平，大大的惊喜原来就是这个呀。

"王仕花！王仕花！王仕花！"王继才就像孩子一样，开心得又蹦又跳。

站在船头的王仕花，远远地就望见了码头上又蹦又跳的王继才。还有什么比这更直接、更热烈的表达方式呢？王仕花眼里的泪水喷涌而出，满心的委屈和多少天累积的怨气瞬间化为乌有。

船一靠岸，王仕花就迫不及待地跳上了码头，一纵身扑进了王继才那宽厚的怀抱里。

"你、你、你咋连一句话都不跟我说，就跑这岛上来了呢？"王仕花娇嗔地诘问。

"不是怕你不放心嘛！再说了，这也是部里布置的秘密任务。"王继才憨憨地笑着。

"哎哎哎，继才，你可别拿这个做托词呀。我可从来就没叫你瞒着家属。昨天我已经代替你道歉了，今天你可要好好承认错误。"王政委在边上乐呵呵地笑着，"这家庭呀，和单位一样，谁也不能搞一言堂哦，我大老王要是独断专行的话，哪个能服我呀。"

"今天我们首要任务就是护送小王老师前来探亲。"王政委扭过头来，对身边的干事说，"走，下面你们带我到防空洞里看看去，也让他们俩好好地说说话。"

10

王仕花探亲

王仕花抬头望着丈夫那乱蓬蓬的头发、胡子拉碴的脸颊，还有那被海风吹得黝黑黝黑的脸庞，真是心疼不已。

48天了，王仕花数着指头一天一天地等，一天一天地盼，可怎么也没有想到，自己心爱的丈夫居然一个人跑到这荒岛上，过起了野人般的生活。她实在无法想象，他都经历了什么，他是怎样一天一天熬过来的。

"这些天，你是怎么过来的呀？"王仕花揪心地问，她真怕一不小心，眼里的泪水又要喷涌而出。

"其实，这里也挺好的呀！日光浴、海水澡，还有螃蟹、牡蛎，都是免费的！"王继才不想让妻子难过，他故意略过台风的肆虐、长夜的噩梦，把一切说得风轻云淡。

"什么日光浴海水澡！你自己闻闻你满身的汗酸味儿，你说你几天没洗澡啦？你再看看这胡子，邋里邋遢的，都快要赶上野人了。你咋一点也不注意自己的形象呢？"王仕花气咻咻地说。

"我在这里还要注意啥形象呀？你又不在身边，打扮给谁看呢？"王继才满不在乎地笑着。

"民兵也是兵呀！是兵你就得有当兵的样子。你这模样要是让外人看到了，估计王政委都要为你感到寒碜呢。"

王仕花不经意的一通数落，好似点中了王继才隐秘的穴位，他的脸瞬间就红了起来。是呢是呢！王仕花说的确实有道理，身为开山岛民兵哨所所长，以后还真要注意自己的仪表风貌、一言一行，可不能给哨所丢脸呀！

王仕花不由分说，把丈夫一把按坐在椅子上，从包里取出剪刀等，帮着他剪头发、刮胡子，随即又把满地的烟蒂、碎头发和横七竖八的酒瓶清理干净。

王仕花手脚麻利地收拾着，王继才就像一个做了错事的孩子，寸步不离地跟在妻子屁股后面，笑眯眯地听着她唠叨。任她说啥，王继才都一个劲儿地点头附和。

"继才啊，既然你决定要留在这儿守岛，我也不能拖你后腿呀。不过有一点你可要记住了，千万别忘了家里，别忘了照顾好自己！你要是现在不上心，落下了毛病，你让我和小苏依靠谁呢？"王仕花动情地说。

王继才一把揽过妻子，在她的后背上郑重地拍了拍："仕花，你刚才说的每一句话我都记在心里了。我保证！我保证按照你说的做。"

"王政委真是个大好人呢，他一路上都在夸你这好那好，咱们可不能辜负领导的信任！"王仕花忽然想起一件事儿，她一脸欣喜地说，"对了，刚才在船上，王政委说了，如果你有要紧的事，可以提前请假，他会安排别的人来顶班。他还说了，以后我想来看你，只要气象和潮水相宜，他随时都可以安排车船接送。"

有时候，领导发自内心的体贴与尊重，比什么褒奖都重要啊，它能激发出无穷的精神动力。

"是呀！老爸早就说过，王政委的人格魅力就在于他不仅自己带头冲锋陷阵，他还能让身边所有的人心甘情愿地争先恐后跟着他一起往前冲！"王继才由衷地赞叹道。

今天这一顿午餐特别丰盛。

除了王政委带来的食材加工的土豆炖肉、西红柿炒蛋，还有岛上的特产：一盘海蛎，半盆螃蟹，一条清蒸的石斑鱼。

乐不可支的王继才硬拉着王政委坐在小方桌的上席位置，两名同行的武装干事分坐二席三席，自己则和王仕花两人并肩坐在主人的席位。

两名武装干事连声说"不妥不妥"，还要礼让。

早已坐稳的王政委连连摆手："你们俩就别客气啦！在岛上，咱们听继才安排。"

"吃呀吃呀！这海鲜呀，就要赶着热乎吃。"王政委夹了一块海蛎，又尝了一口石斑鱼，赞叹不已。

"这螃蟹和石斑都是你抓的？"王政委好奇地问。

"嗯！这都是我昨天晚上抓的，不是听说您要来嘛，得备点下酒菜呀。"王继才乐呵呵地笑着，"在我们这小岛四周的石缝里，藏着很多的螃蟹呢。刚来的时候，我没经验，一不留神就被它夹破手指。退潮的时候，小岛的北边有一个大水洼，常会有一些发呆的鲈鱼、黑鲷、石斑困在里面，不过一般个头都不大。"

"这鱼抓得好呀！菜也做得够地道。"王政委又夹了一块石斑鱼，细细品尝，"来来来！我要敬你们夫妻俩一杯。"

"哪能这样喝酒呀？仕花，我们俩一起来敬首长。"不善交际的王继才忽然开了窍，连忙招呼妻子一起站起来举杯回敬。

"坐下！你们俩都坐下喝。跟我客套就是见外了。"王政委举起酒杯，一饮而尽，"茫茫人海，遇到了就是缘分。今天我们能在这岛上一桌吃饭，这更是天大的缘分呀。"

"想我王长杰，十几岁就出来干革命，也没读过几天书，能有多大能耐呀？我的成长还不多亏咱们队伍干群一家亲、官兵传帮带的优良传统？

"今年五四青年节，我应邀参加一个座谈会。那天好多年轻人热血沸腾，慷慨陈词，都说要争做黄继光、董存瑞这样的大英雄。后来轮到我发言，我就心平气和地提醒大家，现在是新时代新社会，我们在和平环境中生活，不要假设那些大风大浪。我们每个人都要从平凡的小事做起，如果你连小事都做不来，不经过艰难困苦的历练和磨砺，大事你就能做得好吗？领导放不放心把生死攸关的大事交付给你去做呢？我们大家不妨设想一下，在舍身堵枪眼的关键时刻，你会不会手忙脚乱？在拉响炸药包的瞬间，你会不会心虚腿软？"王政委缓缓地抿了一口酒，像是在自言自语。

"也许在好多单位里，我们都会听到这样的慨叹，有些年轻人喜欢在私下里抱怨，说领导对自己不够重视，没有给自己一个崭露头角的机会。"王政委的目光，很亲切地扫过每一个人的脸庞，意味深长地说，"其实呀，好多机会都是我们自己争取来的。就说我们当年冒着枪林弹雨送情报吧，那都是提着脑袋往前冲呀。你要是搞砸了一次，哪怕团长就是你的亲娘老子，下次也不敢再指派你上前线了！"

"来来来！继才，我现在还要单独再敬你一杯。这小小开山岛就是一块试金石呀，有人在这里工作了5天，有人在这里坚持了13天，前前后后好几拨人呢，实践证明，你是最棒的！"王政委端起满满一杯，一饮而尽。

王继才说，那一天，王政委发自肺腑的感慨，就像一曲嘹亮的军号，每一个音符都是金属的质地，催人奋进。

11

艰难的抉择

从开山岛回来，一连几天，王仕花吃不好，也睡不香。

虽然说，这次海上之行，总算是把丈夫的下落搞清楚了，心里一块巨大的石头落了地。可是每每想到王继才那胡子拉碴的邋遢模样，作为妻子，又怎么能放心得下呢？

要说王继才这人呀，啥都好，可他身上最大的缺点就是对自己不上心。无论是吃的还是穿的，就爱将就，就喜欢瞎对付。这饥一顿饱一顿的，天长日久，迟早是要出问题的。

不过令人欣慰的是，他毕竟还是在干一件令人刮目相看的大事情。那开山岛虽小，可人家王政委说了，那是我们中国的黄海前哨，地理位置对于海防甚至国防来说十分重要。他这个民兵哨所的所长可了不得，也算是在为国家把守门户呢。

再说了，你王继才，一个土生土长的农村青年，憨厚得就跟牛一样，现在好歹也算是武装部王政委手下的一员得力干将了，这得让多少人羡慕呀。

王仕花在心里盘算，要说这二十啷当的男人呀，正是半青半红的年纪，就应该跟着有水平的领导跑腿，哪怕就是天天的耳濡目染，也是不得了的长进呀。

那天在开山岛上跟领导共进午餐，王政委那掏心掏肺的一席话，真是让王仕花茅塞顿开、受益良多。

中学毕业后，王仕花由于能歌善舞，成绩又好，被村里的小学聘用为民办教师。这几年，她所能接触到最大的干部就是公社里的文教助理和大队书记，这次有幸跟王长杰政委共进午餐，对他的为人、能力和讲话水平，真是景仰有加。

王仕花觉得自己一定要克服一切困难，全力以赴支持丈夫好好干一番事业。

这天中午，王仕花带着女儿王苏来到婆婆家。

公公婆婆正在吃饭。

"她老爹，她老奶，我今天有件事情要跟你们俩商量呢。"王仕花找个凳子坐下，心直口快的她说话就喜欢开门见山。

"仕花啊，有什么事？你尽管说。"公公连忙放下筷子，侧耳倾听。

"事情是这样的，二老也都知道，前几天我去了趟开山岛，可回来以后我一直放心不下。王政委点名安排咱们家继才去守岛，这是大事，我不能拖后腿。可是他一个人在那荒岛上生活，很辛苦的，没人照应还真不是个事儿呢！"王仕花忧心忡忡地说。

"仕花呀，继才守岛这事，我们全家都要全力支持。我跟你妈也商量好了，实在不行，我们老两口一起去岛上给他做后勤。"公公王金华爽快地拍了拍胸脯，满口答应。

"别别别！我的意思是拜托二老帮我照看小苏。我去岛上跟继才做个伴儿。"公公婆婆的态度，大大出乎王仕花的意料。可毕竟他们也一大把年纪了，怎么忍心让他们去岛上跟着吃苦受罪呢。

"那、那你的工作怎么办呀？"婆婆不放心地追问。

"要不……我就辞了吧！"王仕花咬了咬牙，做出艰难的选择。

辞去心爱的工作，告别朝夕相处的孩子，这个念头一直在王仕花的脑子里若隐若现，令她纠结不已。现在她终于下定决心，说了出来，这就等于彻底阻断了退路。

也真奇怪啊，一旦毅然决然地做出了取舍，王仕花顿时觉得浑身格外轻松。

"你是说辞职？这个、这个……我看也行，世上哪有两全其美的事儿呀！"公公王金华沉吟片刻，用力地点了点头，"小苏的事儿，你们不用牵挂，我和你妈自会周全考虑的。"

那天下午，王仕花呈交的辞职报告，把正在喝茶的老校长吓了一大跳。

当时，根据中共中央、国务院《关于普及小学教育若干问题的决定》，灌云县正在稳步推进"将合格的民办教师分期分批转为公办教师"的工作进程，每年都拿出一定的专用人事指标，经综合考评，把合格的民办教师转为公办教师。

教师身份的"民转公"，标志着众多民办教师待遇和福利的一次提升，这也是许许多多熬了多年的乡村教师一次梦寐以求的"跳龙门"啊！

半年前，老校长私下里就鼓励过王仕花："小王老师，可要加把劲哦！今年这一批'转正'，你的希望很大。"

身为学校年轻的教学骨干，王仕花在私下里也给自己打了分，无论是比文化考试，还是比教学实绩，今年"转正"应该是十拿九稳的事。

可谁也没有想到，王仕花居然在这节骨眼儿上递交了辞职报告，老校长既惋惜又意外。这年轻人究竟是哪根筋搭错了呢？老校长一脸错愕地看着王仕花。

"小王老师，你可要慎重考虑啊！过了这个村就再也没有这个店了。要不你先回家，冷静冷静，跟家里人商议商议再决定也不迟呀。"

惜才爱才的老校长，实在不忍心眼睁睁看着她放弃这千载难逢的好机会，他把王仕花的辞职报告退了回去。

"谢谢您的关心和提醒！"王仕花弯下腰来，深深地鞠了一躬，"我家那口子，被武装部安排在开山岛上守岛，那民兵哨所就他一个人。这也实在是没有办法的办法！我们两个人总得要有一个做出牺牲的呀。"

"哦哦！原来是这么一回事呀——"老校长在心里暗暗掂量着，要说民办教师转正重要，人家王继才为国守岛也是大事呀，任谁都是难以取舍的。

王仕花说，她一辈子也不会忘记，分别时老校长那满眼的惋惜与遗憾。

12

新官上任三把火

一直以来，在王继才的心目中，"开山岛"这个词，与"民兵哨所"是可以画等号的。可自从妻子王仕花到来之后，这看似荒凉的小岛，渐渐地就多出了一份家的温暖和归属感。

与此同时，好多事情也都在潜移默化中发生了可喜的变化。

常言道，新官上任三把火。

作为开山岛民兵哨所的编外"指导员"，王仕花上岛后的第一把火：把办公区与生活区彻底分开。

"王继才呀王继才！你瞅瞅，你的值班室里都乱成啥样儿了？这比狗窝也强不了多少呀！你还好意思说这里是民兵哨所吗？要是让外面的人看了，还不笑掉大牙？人家王政委一时半会儿没好意思训你，可咱们不能自己惯自己呀！"王仕花用她那拿惯了粉笔头的手指，不依不饶地点着王继才骄傲的鼻梁。

王仕花的一通数落，让王继才面红耳赤、羞愧难当。他一个劲儿地抓挠着后脑勺，可自始至终，也没挠出一句辩驳的硬气话来。

是呢是呢！乱糟糟的确实不好看。要是哪天市警备区来人视察，恐怕王政委的脸面都挂不住的。

"那你说咋办呢？"王继才就像一个做了错事的小学生诚惶诚恐等待班主任开导点拨一样。

"依我说，既然岛上的空房子这么多，我们不妨把办公区与生活区彻底分开，并且要保持一定的距离。"王仕花想了想，进一步补充道，"值班室里，就是上班的地方，必须是干干净净、一尘不染。除了办公用品外，决不允许出现床呀，被褥呀，还有酒瓶、烟头、拖鞋这些乱七八糟的玩意儿。"

王继才一听，忙不迭地点头。是呀是呀！民兵也是兵呀，是兵就得有兵的样子。

王继才是个急性子，他说干就干。经过短短的半天时间的忙碌，一通汗流浃背的搬移腾挪、清扫整理，民兵哨所果然焕然一新。

毕竟是当过班主任的人呀！看问题就是不一样。王继才对妻子的格局、眼界和能力钦佩不已。

王仕花上岛后的第二把火：天天都要升国旗。

这天早上，王仕花陪着丈夫一起巡岛，那清新的晨风拂在脸上，撩起了她的秀发，轻舞飞扬。

王仕花心尖一颤，就想起校园里那迎风招展的五星红旗和雄壮激扬的《义勇军进行曲》——

起来！不愿做奴隶的人们！

把我们的血肉，筑成我们新的长城！

中华民族到了最危险的时候，

每个人被迫着发出最后的吼声。

……

王仕花立刻感受到满腔的热血汹涌澎湃。

"继才，我们天天都在为国家看守国门，我觉得，我们就应该像正规的部队一样，每天都要在这开山岛上升国旗！"王仕花目光坚定地看着王继才。

"好啊，你这个想法真是太好了！我也正有此意！"王继才大腿一拍，当即就跳了起来，夫妻俩真是心有灵犀。

第二天，王继才迫不及待地特地下了一次岛，精心挑选了一根直溜修长的毛竹、一面鲜艳的五星红旗、一根户外耐磨尼龙绳子，还有一个升旗专用的定滑轮。

一切准备停当，可王仕花想想似乎还不周全，她又特地给武装部王政委打了一通电话，问清楚军人升旗的流程和要点。接下来，夫妻俩一遍一遍地反复演练。

岛上没有播放音乐的设备，夫妻俩一合计，决定由王仕花吟唱国歌代替。

一个人负责歌唱、敬礼，一个人负责绑绳、升旗。这套升旗流程，这一对守岛夫妻一做就是32年。

32年啊，11000多个日子，他们坚守初心，从未停止。

旗杆，从最初的竹竿到普通钢管，再到后来的不锈钢管。

国旗，从最初的6元钱一面，到后来的10元、20元、40元一面。32年里，夫妻俩毫不含糊，先后自掏腰包买了200面国旗。

这是一份怎样的执着坚守！这是一份怎样的赤诚信念！

王继才说，双手捧着国旗走正步，顿时就会觉得浑身上下每一根血管、每一块骨头都充满了力量，充满了浩然正气！

王仕花说，高唱国歌，仰望着五星红旗在自由的天空冉冉升起，会觉得每一个日子都充满了希望！

在风浪里行走的渔民说，以前的开山岛，在他们的眼里就是一个荒凉的小岛，自从有了鲜红的五星红旗，一下子就拉近了他们与开山岛的心理距离，开山岛不仅有了色彩、有了温度、有了期待，更成为他们的精神依靠。无论多么忙碌，无论多么辛劳，一抬眼望见了五星红旗，就像看到了久别重逢的父亲母亲一样，温暖、亲切、踏实。

自从有了升旗仪式，王继才夫妇惊喜地发现，来岛上走动的客人多了，游览、关注和问候也多了。

在他们升旗的时候，好多的渔船都会自发地鸣笛致敬。

在他们升旗的时候，还有的渔船会特意绕行一周。

王仕花上岛后的第三把火：巡岛必须要规范着装。

灌云县武装部最初发放给王继才和王仕花的都是普通的迷彩服，后来发放的服装就显得更精致了，都是带有"中华人民共和国民兵"专用臂章、领章和胸章的三件套。

王继才的性格本来就是大大咧咧的，不拘小节，再加之岛上平时也很少有人光顾，所以衣着很随意。

王仕花对丈夫的做法很不认同，她苦口婆心地劝导："王继才，你大小也是一个民兵哨所的所长，应当讲究的细节你还必须要讲究起来。这既是对领导的尊重，也是对自己职业的尊重呀。不在岛上的时候，哪怕你跟那些打鱼的汉子一样赤膊光膀子，也不会有人说你。你既然是在岛上执勤，就要有执勤的样子。对了，还有到县武装部开会时候也是一样的，你必须把民兵制服给我穿得整整齐齐的。"

王仕花的唠叨效果十分明显。

"我说呢，咋就跟换了一个人似的。"王长杰政委听了事情的来龙去脉，高高地竖起大拇指，"继才呀，都说犟牛需要皮鞭抽，你家的贤内助，还真是驯牛的一把好手啊。"

13

开山岛就是我的家

多少年来，光秃秃的开山岛，除了石头和荒草，没有一棵树。

没有树的小岛，显得格外地荒芜而苍凉，没有生机。

"开山岛就是我的家！既然是家，我王继才就要想方设法把它建设得更加美好。"

王继才暗暗地发誓，一定要在开山岛上种上蔬菜栽上树，把它变成瓜果飘香的"花果山"。王继才眯着眼睛想象着妻子和女儿将来满腔喜悦地在果树下、在菜园子里采摘果实的场景。

王继才眉飞色舞描述的丰收场景，让妻子王仕花怦然心动。于是两个人就认准了这个目标，一声不响地埋头干了起来。

栽树的第一步，就是要挖出深深的树坑。

在开山岛上挖树坑可不是一件轻松的活儿，得借助长长的钢钎，把混杂在泥土中大大小小的石块一一清理干净，再把筛下的泥土回填在树坑里，栽下树苗，然后培土、浇水。夫妻俩对待树苗就像服侍新生儿一样小心翼翼，眼巴巴地盼望着，栽下的树苗能够早日生根发芽。

然而令人沮丧的是，王继才夫妇第一年栽种的一百多棵白杨，居然没有一棵成活。

"真是邪门儿呀！难道我们两个人连一棵树都栽不活？"

从不服输的王继才夫妇第二年接着再栽。他们考虑白杨树苗或许太过娇气了，这一次改为本地传统的苗木槐树。槐树在苏北城乡种植十分广泛，生命力很强。

然而让人大失所望的是，这一年五十棵树苗又是全军覆没。

"我还就不相信了！我们人在岛上能活，树就不能活？"王继才的心里憋着一口气。

王继才苦思冥想，可是他实在想不明白，究竟是哪一个环节出了问题。后来，他还专程向当地销售苗木的老板讨教。

"你要早说是在开山岛栽树，我也就不卖给你树苗了。"老板一听连连摇头，"这开山岛体量太小，没有淡水资源，更致命的是岛上植被太薄了，土地经常被台风席卷的海水侵蚀浸泡，盐碱含量极高，任你什么树苗都是很难成活的。"

"叫你这么一说，那就没有好办法了？"王继才不死心地追问。

"办法倒还是有的，就是工程量太大了，能累死你。"老板沉吟片刻，幽幽地叹了一口气，"除非你把树坑里都换上陆地上的土壤。"

"只要有办法，吃苦怕什么呀？"王继才一听，乐不可支地笑了起来。

从此以后，每一次下岛，王继才的腰间都会别着一条编织袋。只要手里得闲，他就要提一袋泥土回岛上。

登船的时候，渔民朋友每每都要打趣："老王你这个家伙呀，就是跌倒都要抓把泥呀，从来就没见你空过手！"

一点一点积累，一年一年尝试，王继才夫妇的绿岛计划在艰难的摸索中，终于有了令人欣慰的成效，一棵苦楝树、三棵无花果树，还有几十棵大大小小的马尾松、冬青树，都已在这不毛之地深深地扎下了根。

"汗水是最有营养的。"王继才一脸自豪地说，"只要你肯出力，只要你不惜汗，什么地方都能够开花结果的！"

经过一番土壤改良的菜园子，如今不仅长满了青椒、白菜，还结出了二尺多长的大南瓜，看着煞是喜人。

王仕花说，当初来到开山岛，还有一件特别令人头疼的事情，那就是没有淡水。

两个人所有的日常用水，靠的就是以前驻军留下的水窖。这个水窖容量不小，雨季汇集的雨水，基本上可以保障两个人的用水需求，但前提就是，必须改掉以前在陆地上大手大脚的用水习惯，量入而出，最大限度地节约点点滴滴。

在老家的时候，由于毗邻大川善后河，地表和地下淡水资源十分丰富。村里家家户户门前都打了一口深井，上面安装了一种叫作"压龙"的手动压水泵，取水快捷而又方便。无论是洗衣洗菜，还是洗头洗澡，需要多少尽管用就是了，根本不用斤斤计较的。

更让王仕花难以接受的是，水窖里的积水，有好多肉眼都看得见的小虫子。从水窖里打起一桶水来，虽然看着还算清亮，可是只要迎着阳光仔细观察，就会发现有好多小虫子在上下翻腾，看得人浑身都是鸡皮疙瘩。

也不知道是不是因为心理作用，王仕花那段时间经常闹肚子。

为此，王继才虚心讨教了好多人，终于取回了"真经"。

专家说，由于水窖空间密闭，又不见阳光，水窖里汇集的雨水不流动，很容易滋生浮游生物。既然开山岛上没有电，无法使用净水装置，那就不如将高就低，采用成本最低、绿色环保的泥鳅净水法，通过投放活体泥鳅，来清理浮游生物。

王继才一听真是喜出望外，他马不停蹄地赶到水产市场，买了几十条活泼健壮的泥鳅，放养在水窖里。

果不其然，水窖里的水质一天一天变得清澈了。

就连王继才自己也没有想到，就是这么简单的一招，居然还真有奇效。说起来还真是不得不佩服老辈人来自生活中口口相传的经验积累。

王继才、王仕花夫妇相濡以沫，他们在开山岛这个只有0.013平方公里的弹丸之地默默坚守了32年，他们究竟经历了多少艰难困苦，承受了多少雨雪风霜，真是难以想象。

有一次，王继才深有感触地说："人这一生啊，很多时候就是在挑战自己，就是跟自己过不去，就是在跟自己斗。别人都说不能干的事情，我偏要试一试，看我能不能干；别人都能干的事，也要试一试，看看我能不能干得更好一些。别人能坚持13天，我就要考验自己，我王继才能不能坚持130天？能不能坚持得更久？常言道，人争一口气，佛争一炷香嘛！"

坐在边上的王仕花一听，立即拍着大腿笑了起来："对对对！他就是这牛脾气呀，整个头脑就是一根筋，哪怕撞到了南墙，他也不会轻易就回头。"

老父亲王金华听了也是哈哈一笑："继才的牛脾气，也是他最大的优点呀。那天，我之所以建议他不妨瞒着媳妇，先到岛上试干几天瞧瞧看，就是因为我知道，只要接上了手，以他的性格，哪怕是千难万难，也是决不会当逃兵的。老古人常说的呀，开弓没有回头箭。"

知子莫若父啊！这句老话果真精辟。

14

我们的困难自己解决

王继才说："客观地讲，当年灌云县武装部支付我们的生活津贴，数额还真的不算少。"

1986年，全国年平均工资是1000元出头。王继才、王仕花夫妇的守岛津贴是一年3000元。应该说，制定的标准还是有参考依据的。

常言道，计划没有变化快。在其后的近三十年间，中国经济快速发展，职工的工资也呈现出飞跃式的提升。

然而王继才夫妇的生活津贴终究不是工资，它一直定格在当初的台阶上，被快速提升的工资远远地抛在了后面。

有领导私下里给出变通的选项："可以申请困难

补助！"

事事要强的王继才、王仕花夫妇毫不迟疑一口回绝："谢谢领导的好意！我们的困难，我们自己解决。"

为了补贴家用，农民出身的王继才凭着直觉就想到了养鸡和养羊。

在我国源远流长的农耕文化发展与传承中，家禽家畜养殖可以说是不可或缺的重要部分。

宋代大诗人陆游在《游山西村》诗中写道："莫笑农家腊酒浑，丰年留客足鸡豚。"这就是诗人对农耕文化中的养殖行为的生动表述。由此可见，在丰收的年景，农家待客的丰盛菜肴，其食材都是自家养殖的。

在广大农民朋友的心中，养鸡是一份难以割舍的情结。养鸡不仅可以把剩菜剩饭以及散落在地上的零星粮食充分利用，母鸡下蛋，也相当于是一项细水长流的投资。家中如有年老体弱的人，隔三岔五积攒下来的鸡蛋，可以随时拿来滋补身体。

那年春天，王继才在集市上精打细算、千挑万选，买回来4只小山羊和10只苗鸡。雄心勃勃的他决定先来一个投石问路，如果一切顺利，将来可以扩大规模，在开山岛上搞一个养殖场。

满怀信心的王继才在巡岛之余，每天都要去看一看在鸡舍里茁壮成长的小鸡，看一看在山坡上四处撒欢儿的小羊。

就在王继才满怀信心地总结经验的时候，天有不测风云，一场台风过境之后，好端端的羊圈被吹倒了，鸡舍也不见了。

王继才、王仕花夫妻俩找遍了整个小岛，最后还是在防空洞的拐角处，好不容易才寻回3只小鸡，还有一只瑟瑟发抖的小山羊。

王仕花自嘲，说这是他们夫妻俩第一次投资创业的"剩余价值"。

那只劫后余生的小山羊，也许是因为见过大风大浪的缘故，非常淘气，胆子也大，看到什么都要上去啃两口，一脸有恃无恐的顽劣。

有一天，馋嘴的小山羊居然打起了那棵无花果树的坏主意。

那是一棵多么金贵的树啊！它凝聚了王继才、王仕花夫妇太多的心血与汗水。

王继才一看，就再也不敢留小山羊了。当天下午，他就把小山羊驱逐出岛，把它遣送回鲁河老家。

有一次，几个在海上捕鱼的船老大来到开山岛上做客，在喝酒的时候，人们聊着聊着就聊起今年各自的收入情况。当他们听说王继才、王仕花夫妇在这里一年只有3000元的津贴时，大家都连连咂嘴。

那几年，黄海地区的海蜇和红毛虾大丰收。遇到了好的潮水，一个经验老到的赶海人，半个月就能获利七八万。

"要不你跟我们一起赶海吧。我每天给你开工资800元，怎么样？"有船老大热情地邀请。

"武装部是安排我来守岛的，我要是半道上撂挑子，跟着你们跑去捞钱了，人家会怎么看待我和你呢？"王继才略一思忖，连忙摇头。

船老大转念一想："也是呢，鱼得有人去逮，岛也得有人来守。用公家人的话来说，各司其职嘛！咱们可不能挖墙脚。再说了，人各有志，这也是不可强求的。"

不过在后来日益密切的交往中，渔民们还是把涨潮放蟹笼、退潮收刺网，以及怎么钓鲈鱼、如何钓石斑等种种捕捞诀窍，都手把手地交给了这个憨厚质朴的农村汉子。

投放蟹笼诱捕螃蟹，很快就让王继才尝到了收获的喜悦。

渔民们所说的蟹笼，是一种直径50厘米、高约30厘米的圆柱形网具。蟹笼上下各有一个钢圈支撑，中间设有四个单向的洞孔，螃蟹一旦进入，就再也出不去了。

在蟹笼中间，放置有专用饵料盒。饵料盒里放置一些从市场上收集来的鸡肠、鱼肠、龙虾壳之类。螃蟹一旦闻到腥臭气味，就会迫不及待地过来自投罗网。

对于王继才、王仕花夫妇来说，投放蟹笼一点也不误正事。他们在巡岛的空隙，隔上两三个小时，沿着石坡过去，拉起系在岸边的绳索一一检查就是了，有时是一只，有时是两只，当然有时也会空网。

开山岛是一座孤岛，地理位置得天独厚。梭子蟹等都喜欢在这里栖息嬉闹交朋友，所以这里的蟹笼一年四季都不落闲。

隔上三五天，王继才就会托人把收集起来的螃蟹带到燕尾港镇水产市场上销售，这是一份很不错的收入。

王继才说："在波涛汹涌的大海里闯荡的船老大，

一个个都很纯粹、很豪爽，非常讲义气。这几年，我跟他们都处成了好兄弟，我也从他们身上学到了好多宝贵的经验。"

常言道："靠山吃山，靠海吃海。"这不仅是一种因地制宜的灵活变通，更是一种顺应自然而且是可持续发展的生存智慧。你想想，大海里的渔业资源是多么丰富呀，简直就是一座取之不尽的海鲜宝库。

半辈子在黄土地上摸爬滚打的王继才，终于跨界发展，一点一点学会了海洋捕捞技能，这让他和他的家庭受用无穷。

王继才稳步增长的捕捞所得，已逐渐成为他们家庭收入的一项重要来源，这就大大地减轻了他们经济上的负担。

15

在岛上出生的王志国

说起来好多人都不敢相信，王志国的出生地是开山岛。

而为他接生的人，竟然就是他的父亲王继才。

王仕花说："也许是太过单调太过乏味的缘故吧，岛上的时光总是显得特别漫长。不过一旦心神真正安静下来，就会觉得，这样与世无争的世外桃源生活还真不错。

"那一年年底，我在开山岛上怀孕了。本来我们夫妻俩也是商量好了，到时间就去燕尾港镇医院去生产。可是阴差阳错，我把预产期给计算错了。"

1987年7月8日下午，王仕花在小菜园子里拔除杂草，顺便摘了一点豆角和青椒，准备晚上的饭菜。

就在她直起腰的时候，觉得肚子隐隐作痛。她当时心里还想，是不是蹲着的时间太长了，就连忙回到房间里躺了下来，试图平缓一下。

可让她忐忑不安的是，疼痛并没有随着时间的推移而稍稍缓解。

到了夜半时分，一阵一阵的痛感居然加重了。

王仕花心想不妙，赶忙喊王继才："继才，看来是我们孩子要出生了。"

"你不是说预产期还有三四天吗？"王继才一听，顿时慌了手脚。两天前，王继才就提醒妻子应该早做准备，提前下岛。可王仕花掐着指头算来算去，就跟算命先生似的，那样子满有把握的。

哑口无言的王仕花，咬紧牙关，一直坚持到天亮。

王继才六神无主地望着窗外，不期而至的台风掀起层层叠叠的巨浪，苍茫的大海上，乱云飞渡。

王继才望眼欲穿，他站在窗口四处搜寻也看不到一条船的影子。

看来，今天要想搭船下岛是不可能的了！

可这孩子的出生，一刻也不能耽搁呀。

濒临绝望的王继才大脑在高速运转，忽然灵光一

在岛上出生的王志国

99

闪，想起一根救命稻草来。

王继才忽然想起，燕尾港镇武装部长徐正友的爱人就在医院妇产科上班呀。

王继才抄起电话，哆哆嗦嗦地拨了过去。那边的电话刚一接通，他就带着三分哭腔呼救起来：“徐部长，李姐在家吗？快点救命啊！我的老婆要生了，我们还困在岛上呢，下不去。”

那一刻，王继才害怕再出现一丝一毫的差池，他恨不得一张嘴，就把一肚子的问题都告诉人家。

徐部长的妻子姓李。每次见面，王继才都亲亲热热地喊她“李姐”。

“别急！你别急。李姐在呢，你慢慢说。”徐正友连忙把烫手的话机递给了妻子。

“别急哈！记住我说的话，看样子今天你也只能自己接生了。”

“不急不急！你说，我在听着呢。”

“你那边有干净的剪刀吗？”

“有一把。不过，好像不太干净！”

“不要紧，你先洗一洗，再放到火上烧一烧。”

“你那边有酒精吗？”

“没有！我……我这里只有……只有云山白酒。”

"也行！就用白酒吧。待会儿你要用白酒洗手消毒。"

……

"你那边有纱布和药棉吗？"

"没有！我这里啥都没有呢。"

"那你就找两条毛巾，或者旧内衣，撕成几块，放在开水里煮一煮，消毒，待会儿留在手边擦拭。"

……

一句一句，李大姐讲得简洁明了。

一句一句，王继才听得入心入脑。

王仕花口气笃定地说："如果试卷的满分是100分的话，王继才那一天的表现，是可以打上120分的。他临危不乱的大将风度，给了我莫大的安慰和鼓励，理所应当额外奖励20分。"

那一天，王继才一人扮演了三个角色，一是话务员，二是传令兵，第三才是接生员。

躺在床上，被疼痛与恐慌双重折磨的王仕花，满眼泪水。

电话那头，李姐安慰道："仕花呀，别紧张，我们都在边上呢。"

王继才转脸就把声高放大了两倍："李姐说了，

仕花呀，别紧张，我们都在边上呢。"

电话那头，李姐说："仕花，吸一口气，憋足了，用劲！用劲！用劲！"

王继才扭过头来发布指令："李姐说了，仕花，吸一口气，憋足了，用劲！用劲！用劲！"

尽心尽责的"传令兵"连一个字也不敢漏掉。

王仕花眼角一瞥，发现"传令兵"额头的青筋已经暴起，好像他才是"女一号"，他使出的力道似乎比自己的还要大！

王仕花说，当时她的脑海里真是一片空白。她必须集中心智排除所有的杂念，排除那些不断冒出的不祥预感。

她在心里暗暗告诫自己，一定要全力以赴，背水一战。

以当时的情形，要么成功，要么满盘皆输，她也确实没有退路了。

那一天，海上，风高浪急。

那一天，岛上，一念惊魂。

一条电话线，把两个心急如焚的家庭情真意切地连在了一起。

一条电话线，把小岛与陆地血脉相连地系在了一起。

一次跨海的接生，续写了生命的传奇。

1987年7月9日12时3分，一个健康的男婴，在守护国门的民兵哨所里呱呱坠地。

几近虚脱的王继才，擦抹着额头的汗水，他下意识地瞄了一眼桌子上的闹钟，记下了大功告成的胜利时刻。

"继才，是男孩，还是女孩？"王仕花扭过头来，弱不禁风地问。

"是男孩！"王继才就像一个中考得了第一名的小男生，他提高嗓门、中气十足地大声汇报。

忽然他想起放在一边的电话机，便连忙拿起来向电话的另一头报喜："姐啊，你告诉我哥呀，是个男孩，非常好。谢谢你们啦！"

说这话时，王继才情不自禁地弯下腰来，对着港口的方向，深深地鞠了一个躬。

王仕花说，那一次在开山岛上生孩子，让她经受了这一辈子最大的无助和恐慌。所有的选项都指向了铤而走险。

那一天，稍有闪失，后果真是不堪设想。

"没有接生员怕什么？你的身边不是还有我嘛。"

粗枝大叶的王继才却不以为然，他乐呵呵地说笑，"我们夫妻俩从来也没干过什么坏事，没事的，吉人自有天相。"

"你呀你呀，也就是这会儿嘴硬罢了。你打电话那一会儿，都快吓哭了，听着比我还紧张呢。"王仕花刮着他的鼻尖，打趣道。

为了纪念这个不寻常的人生起点，王继才、王仕花夫妻俩一合计，决定给儿子取名叫王志国。

他们就是希望孩子时刻都要牢记，他是在黄海民兵哨所里出生的，长大以后不能忘本！要好好做人，立志报国！

16

童年记忆挂满了泪水

在王志国的记忆里，爸爸从来就没喊过自己的乳名。他一口一个"王志国"，显得那么生分、冷硬而隔膜。

王志国多么希望自己的爸爸也能像爷爷奶奶那样，亲亲热热地呼唤自己"小国子"，那是多么温暖而亲切呀！

有一次，王志国在台阶上蹦跳嬉闹，一不留神摔倒了，膝盖磕出了血。王志国坐在地上号啕大哭，他内心暗暗地渴望，爸爸妈妈听到了，会伸手拉一把，就像别的父母那样，抱一抱，哄一哄。

谁知爸爸王继才闻讯赶过来，探头瞅了瞅："自己爬起来！破了点儿皮，也值得大呼小叫的？你还是不是个男子汉呀？"

王志国说，那一年，他才是个六岁的孩子呀！

他疑惑地问自己："我究竟是不是爸爸亲生的娃呢？"

有一次，王志国忍不住私下问妈妈："爸爸对姐姐妹妹说话都是慢声细语的，为什么对我就总是严厉呢？都很难看到他的好脸色。"

"你这傻孩子呀！难道你没发现，他回家一眼瞅不见就到处找你？他私下总是夸奖咱家小国子这样好那样好，就是不想让你知道呀。"妈妈顿了顿，附在王志国耳边柔声地说，"你爸说了，教育男孩子，就要刚一些。教育女孩子，不妨软和点儿。这对你们的成长，是大有好处的。"

王志国说："当时我还小，哪里听得懂这么深奥的道理呀？等到长大以后，才渐渐明白爸爸妈妈的良苦用心。"

王志国说，他的童年记忆挂满了泪水。

1993年，王志国是在开学的前两天离开开山岛的。记得那天午饭后，母亲给了他一个半旧的军用帆布包，算是上学的书包。他和姐姐跟着父亲，搭乘熟人的渔船来到了燕尾港镇。

父亲领着王志国到学校报了名，自己第二天一早便乘坐渔船匆匆忙忙地回了岛，留下读三年级的姐姐与王志国两个人，租住在一间十多平米的小平房里。记得那一年姐姐十岁，王志国才刚刚六周岁。

当初刚来到镇里生活，他们有太多的不适应。他们就像两只在河里生长的小鸭子，懵懵懂懂地被赶进了一大群小鸡的笼子里。王志国和姐姐对城镇里的一切既好奇，又本能地保持着一份警觉……

放学的路上，王志国经常被那几个喜爱欺生的孩子捉弄。他们经常躲在王志国必经的路口，拦住他，把他兜里仅有的几枚硬币掏个精光。

有一次王志国实在是忍无可忍，握紧拳头准备跟他们干仗，为了震慑他们，王志国对着他们大声怒吼："你们知道不？我的爸爸叫王继才，是守岛的民兵哨所所长，他的手里有枪！"

谁知道他们听了不仅没有丝毫的收敛，反而更加肆无忌惮地嘲笑起来："你让他来呀！他是在坐水牢呢，下不了岛的。"

一听他们这样侮辱爸爸，王志国就像发了疯一样，和他们狠狠地打了一架……

还有一次，快要放学的时候，刮起了大风，下起了暴雨。

学校所有的孩子都被家长接走了，只有王志国和姐姐两个人，就像落汤鸡一样，站在走廊下，可怜巴巴地盼着雨能够早一点儿停下来……

王志国说，姐姐炒的萝卜干，是他们俩的家常菜；姐姐做的夹生饭，他们总是吃不完。

那一年夏天，只有姐姐王苏和王志国两个人在家。

夜半时分，滑下床沿的蚊帐被蚊香点燃了，火苗一下子就蹿了起来。

被烟雾熏醒的王苏一跃而起，吆喝弟弟快点儿起来救火。

姐弟俩一直把半水缸的吃水都泼完了，才把火焰彻底浇灭。

望着满床满地的积水，姐弟俩哪还能再睡呀。

第二天上午，得到了邻居带去的口信，王继才夫妇才惊慌失措地赶了回来。

"爸爸妈妈，我们差点儿就再也见不到你们了。"惊魂未定的姐弟俩紧紧地抱着爸爸妈妈，号啕大哭起来，不肯放手。

王苏说，13岁那年，她考上了中学，当她接到录取通知书的那一天，最初的喜悦很快就被困窘的现实磨成了粉末。

"年幼的弟弟妹妹还要我来照顾呢！"

夜半时分，爸爸妈妈从岛上托人捎回来的海鲜还等她去接货和销售呢。

这一家五口人，被大海生生分割成两个部分。要是少了王苏的连接与周旋的话，看样子还真无法运转呢！

"总得要有人做出牺牲呀，谁让我是家里的老大呢？"

千思万虑，再三斟酌。王苏说，最后她还是不得不含着泪水把入学通知书撕成了碎片，随手抛撒在风中。

王志国说，2001年，是他们家最难熬的一年。

那一年他参加了中考，发挥得不太理想。偏偏又赶上了中考制度改革，学校招收的分数线一下子提得非常高。原本一千多人免费入学的招生计划，后来变成只有分数进入前一百名的考生才是免费入学的。

王志国的分数被划在录取的第二批次。按照规定，需要缴纳5000元的"赞助费"才能入学。

眼看着已经到了8月下旬，距离学校规定的报名时间越来越近了，王志国的"赞助费"还迟迟没有筹集到位。

王志国也知道家里的经济状况，前年家里东拼西凑建了房子，去年父亲又生了一场大病，旧债新账还欠着不少，哪里还有钱给他上学呀？因此他私下里与几位"落榜"的同学联络，准备出去打工。

那天晚上，父亲回来很迟。他一声不响地坐在床沿埋头抽烟。王志国看着既心疼，又愧疚。王志国蹑手蹑脚地凑到父亲的身边，压低嗓门说："爸，你就别再到处借钱了。我已经和几个同学商议好了，过两天我们一起去常州打工。"

"你就在家里给我一门心思看书好了。钱的事情我正在想办法。"父亲的口气不容置疑。

王志国抬眼看着父亲那布满血丝的双眼，惭愧得无地自容。

两天之后，姐姐把一叠用报纸裹得严严实实的百元大钞塞进了王志国的手里，语重心长地叮嘱道："志国啊！你到了学校一定要认认真真学习啊，要不你就真对不起老爸老妈了！这五千块钱，三分利息，还是找了两位亲戚做担保才借出来的。"

姐姐说："我们太穷了，没有担保人。放高利贷的人都不正眼看你。"

王志国说："老爸的那一次借贷，对尚未成年的我来说，真是一次刻骨铭心的警醒和鞭策！"

17

他们俩温暖了一座岛

燕尾港镇居民黄小国说，是王继才和日复一日徐徐升旗的五星红旗，增加了开山岛的温度，也拉近了广大渔民与小岛的心理距离。在他们眼里，开山岛就是他们的救助站，或者说更像是他们社区的服务中心。

黄小国说，2004年9月的一天，他开着小汽艇到渔船大队收海鲜。在经过开山岛的时候，他发现发动机里的汽油不多了。于是他把小艇停靠在码头的背风处，解开备用的油桶加油。

当时烈日当空，黄小国也有点心浮气躁，一不留神就酿成了火灾。看着呼呼燃烧的火焰，当时他就吓呆了。

黄小国也知道，如果不能及时把火势控制住，小艇随时都有爆炸的危险。他手忙脚乱地拿过小桶泼水，可泼了一桶又一桶，也无济于事。他心想完了完了，正在犹豫是不是应该弃艇保命。

就在这千钧一发的时刻，只见王继才抱着两床被子一路飞奔过来。王继才眼明手快，把被子浇上海水，瞄准了，远远一抛，再一抛，两条湿漉漉的被子重重覆盖在发动机上。

奇迹出现了，熊熊燃烧的火焰居然被这一招瞬间制服了。

真是不敢设想呀，如果没有急中生智的王继才，别说是营生家当小汽艇，就连黄小国这条小命都有可能不保啊！

1996年6月，家住图河乡的潘弗荣跟村里的几个阿姨结伴，趁着农闲时节，一起来到燕尾港镇海边打零工。

那些年，在燕尾港镇附近海域，海产品非常丰富。收紫菜，捕小虾，捞海蜇，丰产季节需要雇用很多的临时工。

这一次，小潘一行十几个人被船主带到了开山岛上，任务是分拣鱼虾。小潘说，她和另外两个阿姨被安置在第三排营房里。

这个19岁的女孩做梦也没有想到，这一次出海她差点儿丢了性命。

那天早上，潘弗荣突然感觉到肚子疼。刚开始的时候，她还没怎么当一回事。可是后来越疼越厉害，疼得她满地打滚。

当时偏偏船主又不在，旁边的人，谁又见过这阵势呀？大伙儿吓得六神无主。有人提议，赶快找岛上的人，找当地的人求助。

正在值班的王继才闻讯赶了过来，连忙从他的备用药箱里找出止疼药和消炎药，让人给小潘喂下。

王继才不敢离开半步，他就守在边上。可眼见小潘吃了药片之后，还是没有好转。

他立刻意识到，这病情已经非常严重了。

他也顾不上许多了，抱起已经疼得快要晕厥的小潘，一路小跑来到了码头上。他好言央求一艘海钓的小艇，以最快的速度赶往燕尾港镇医院。

急诊室的医生诊断，小潘患的是急性阑尾炎，而且已经穿孔了，万分危急。要是再稍稍耽误，恐怕连抢救都来不及了。

对那位身材高高的救命恩人，潘弗荣说她一直铭记在心。

日历转眼翻到了2017年，已经是装修公司老板的潘弗荣，承接了燕尾港镇的一个党建室设计安装项目。

在燕尾港镇码头上，尽管已经时隔21年，可她和王继才一照面，就认出了当年的救命恩人。

"王大哥，您就是我潘弗荣的救命恩人啊！"潘弗荣紧紧地拉住王继才的手，热泪盈眶，"当年是您把我送到医院，还垫付了押金，可连一个名字都没有留下。"

在燕尾港镇人的记忆里，开山岛上的王继才，就是一尊"守护神"。三十年如一日，他用不屈的生命，守护着一方安宁，守护着一方祥和，更守护着一份浩然正气和赤诚的信仰。

渔民史东财说，王继才就是他们驻守在小岛上的"赤脚医生"。

自从那次提心吊胆地为爱人王仕花当了一回"接生员"之后，王继才感触极深，在这远离大陆的孤岛上，哪怕就是遇到了头疼脑热，也是后患无穷的啊。所以说，好多事情必须未雨绸缪，常用药物更是有备无患。

于是，王继才自己钉了一个小小的木箱，买了一些诺氟沙星、对乙酰氨基酚、感冒胶囊之类的常用药，以及创可贴、纱布、绷带等应急救护材料。

　　王继才这样做，既是为了自己，也是为了方便别人。

　　史东财说，那年夏天他出海打鱼。放了暑假的孩子非得要跟他出去玩，他看天气很好，风平浪静，心想带上就带上吧。可没想到孩子半道上得了急性肠炎，在船上疼得大呼小叫。心急如焚的史东财就慌忙驾船开往开山岛求助。船还没有靠岸，他就一路呼喊："继才继才，你快来帮帮我的孩子。"

　　王继才听到了史东财的喊声，很快就赶到码头，他把史东财和孩子接到值班室。问明情况后，王继才连忙从药箱里拿出一盒诺氟沙星，说："你先喂孩子吃两颗，不行的话，赶快送医院。"

　　也真是管用，孩子吃了药后，肚子很快就不疼了。史东财拉着王继才的手，感激不已："继才，你今天可真是帮了我们大忙了。"

　　王继才听了淡然一笑："在这海上，大家都不容易呢。我们互相帮助也是应该的。"

　　在开山岛上生活了三十多年，王继才硬是把自己锻炼成无所不能的维修工。他既是泥瓦匠，又是木匠，但凡有需要的时候，修修补补、锯锯刨刨，那真是有模有样的。

2006年初，开山岛上的码头由于海浪常年侵蚀，年久失修，出现了大面积坍塌。如果不及时修缮加固的话，估计很快就得报废。

王继才向武装部领导汇报。领导的答复是，尽快拿出方案来，必须加固。

可是王继才找来工程队一核算，好家伙，开口就要四万块。

公家的钱也不是大风吹来的呀！那天晚上，王继才和妻子一合计："干脆我们吃点苦，自己干吧。"

为了最大限度地节省开支，王继才利用多年的交情，一次一次拜托出海打鱼的渔船，把购买的石子、水泥等"顺手捎带"回来。他还在海水退潮时，就地取材，下海淘沙。

就这样，他们夫妻俩一个干大工，一个做小工，淘黄沙，扛水泥，搬石头，抹砂浆，两个人互相帮衬，互相打气。他们俩就像蜘蛛结网一样坚持不懈。

有时候，水泥还没凝固，海浪赶来"检测"了。

有时候，砂浆刚刚抹平，风雨又来"视察"了。

就这样，反反复复，王继才、王仕花夫妇锲而不舍，用了好几个月的工夫，终于把码头整修一新。

完工的时候一结算，总共才花了1400多块钱。

武装部领导听说了他们百折不挠的修建过程后，十分感动，当即表示，一定要追加两个人的劳务费用。

王继才、王仕花夫妻俩听了，婉言谢绝了领导的好意。

"我们两个人住在岛上，吃在岛上，开山岛就是我们的家。为自己的家里做事，怎么能收钱呢？"

18

我们为祖国看大门

有人说，王继才、王仕花夫妻俩太傻了，守着这么一块寸土寸金的风水宝地，居然没有发财。

有人说，王继才、王仕花夫妻俩死脑筋，要是能够稍稍变通，就不会再过穷日子。

君子爱财，取之有道！

王继才说："国家委派我们夫妻俩来看大门，我们就必须尽心尽责，把这大门看守好。我们是决不会放过一个坏人的。"

王继才说："不瞒你们说，这些年，能够发横财的机会也确实不少。有时候是小恩小惠试探，有时候是真金白银敲门。可是我们心里清楚呀，那都是不干净的钱，我们连正眼都不会瞅一下。"

有一年夏天，一艘小船从海的那一边驶来，鬼鬼祟祟地停靠在码头边。

"王叔您好！我的老爸是李铁，跟您是发小。"一个年轻人嘴巴像抹了蜜一样，一个劲儿地往王继才的身边靠，与此同时，他的手已经灵巧地伸进了鼓鼓囊囊的挎包里。

"你说吧，什么事？"

王继才当然清楚他们投掷糖衣炮弹的惯用伎俩，他本能地后退了几步，和对方保持距离。

"我这船上的货物，想在后面的防空洞存放一下。也就是三五天，保证迅速清仓。到时候我们五五分成，怎么样？"年轻人眼见王继才神情冷漠，不得不把预想的三七分成提高到五五分成。

"估计你这也是走私的洋烟洋酒，没错吧？"王继才见多识广，冷冷一笑。

"王叔，您就当没看见好了。啥都不用您做呀，存放三天，就是您五年的收入。"年轻人实在想不通，这样的买卖，满天下哪里去找呀。

"小伙子，你说的这些，在开山岛上不好使。违法的钱是烫手的。我劝你还是悬崖勒马，从哪里来还是回哪里去，而且速度要快，要不缉私艇可能马上就到了！"王继才义正词严地说。

年轻人一看这阵势，吓得连忙跳上小船，仓皇逃遁。

32年来，王继才夫妻俩积极主动维护国家边境管理秩序，先后报告过9次涉及走私和偷渡等违法事件的线索。其中有6次都被成功告破，为国家挽回了重大经济损失。

1999年，一个财大气粗的开发公司老总，带着他的团队来到开山岛考察，他们打算以"登海岛、吃海鲜、观日出"为主题，开发开山岛旅游资源。

王继才一听非常高兴，心想上上下下都在提倡"以劳养武"，开发旅游倒是挺新鲜的想法。

可随着交谈的继续深入，王继才终于听懂了，原来这个公司是想假借旅游开发的名头，搞什么"'海上布达拉'夜总会"。

"这里原来是军营，现在是民兵哨所，你们可不能搞这些乌七八糟的项目啊！"王继才一听，当场跳了起来，严词拒绝。

王继才义正词严的一席话，把在场的好多人说得面红耳赤。

王继才发火了！

那一天，在众目睽睽的电视节目录制现场，谁也没有想到，少言寡语、生性平和的王继才，居然发了一通很大的火。

好多和他相处多年的老朋友听说了都不敢相信。

随着"开山岛夫妻哨"的名气越来越大，成为名人的王继才时刻都在提醒自己，要一如既往地低调做人、认真做事。

那一天，某省卫视特别邀请王继才参与录制一档节目。

在节目录制过程中，有一位唇尖舌利的观察员，对王继才夫妇守岛的价值和意义大声提出质疑。他用一种高高在上的口气说："现在我们国家强大了，有钱了，不需要王继才你这样的人守岛了。只要花钱，肯定能找到愿意守岛的人。要是年薪十万没人应聘，一百万总有人来吧，一年换一个也是可以的呀。"

王继才听了很生气，他一忍再忍，最后还是忍不住直接反驳："这位同志，你说得不对，按照你这说法，咋不把我们的国防都承包给别人呢？现在有的人张口闭口都是向'钱'看，可我王继才偏偏向前看，是'前进'的'前'，我这是向祖国看。祖国让我去守岛，也确实没给我多少钱，不过今天我可以把话说在这儿，就是不给钱，我还是要去守岛的。"

一时间，剑拔弩张，双方都不肯让步。这也一度导致节目被迫暂停录制。

"他身为观察员，也算是有身份的人了。你说我傻，说我不开窍，我不生气，但是你不能用金钱来贬低我们国防事业坚守者的价值和意义，这是一种对正气的侮辱。"王继才愤愤不平地说，"我真的想不通呢！这种人是怎么坐上堂堂省级卫视观察员这个位置的？"

在王继才心中，这一辈子最大的遗憾就是老父亲、老母亲病重时，自己还在岛上执勤，没有在老人家身边尽孝。

关于尽忠与尽孝的理解，王继才的父母确实是目光如炬，高瞻远瞩！

王继才的父亲临终前嘱咐家人："你们谁也不能责备继才啊！尽忠就是最好的尽孝。继才是在为我们全家人积德呀。"

王继才的母亲更是特地托付摄像的记者转交了一段视频，视频里是她的谆谆教诲："儿子啊，你是为国守岛，就算我去世的时候你不在身边，我也不怪你。自古忠孝不能两全，但在我心中，尽忠就是尽孝，守海防就是尽大孝。"

后来，王继才在接受记者采访时饱含热泪地说："这段视频，我反反复复看过几百遍，老母亲的叮咛，我一辈子也不会忘记。"

王继才说，他最开心的一天，就是2015年2月11日。

那一天，习近平总书记在军民迎新春茶话会上亲切会见了王继才等全国双拥模范代表。

"坐在总书记的身旁，真是又激动又紧张。"王继才说，"总书记这么关心我们，我们更要守好开山岛，要守到守不动为止。"

王继才发自肺腑地说："我是一个农民，我是一个民兵哨所的所长。要说我的职业，其实与小区的保安也算是同行了！不同的是，我看守的国门要更大一些，我看守的时间要更长一些，我的岗位条件要更艰苦一些。"

王继才说："祖国安排我们夫妻俩守护国门，我们就踏踏实实地干，努力把这一份平凡而又伟大的工作做好。"

王继才说："真是没有想到，党和国家给了我们这么高的荣誉。"

2018年7月27日，王继才在执勤时突发疾病，经抢救无效去世，年仅58岁。

2018年8月17日，江苏省人民政府根据《烈士褒扬条例》第八条第一款第一项规定，经研究，评定王继才同志为烈士。

2018年8月，中共中央总书记、国家主席、中央军委主席习近平对王继才同志先进事迹作出重要指示强调：要大力倡导爱国奉献精神，使之成为新时代奋斗者的价值追求。

"家就是岛，岛就是国！"

王继才走了，可是他的精神依然留在小小的开山岛上，感召着更多的后来者。

2018年9月，灌云县从500多名申请守岛的志愿者中，层层遴选，最终选定第一批登岛的10个人。他们接过烈士王继才的守岛接力棒，担负起守卫祖国东大门的重任，每天风雨无阻执勤巡岛，让开山岛上的五星红旗高高飘扬。

附录：

开山岛上的夫妻哨所

徐继东

开山岛望着似乎很近，但是要去一趟还真不容易。

站在燕尾港镇码头上，遇上天气晴明的日子，光凭肉眼你就看得见。在茫茫黄海上，一个袖珍的岛屿，十分醒目，就像一个漂浮在海面上的小小馒头。

记得我第一次去开山岛是在2002年初夏。当时为了迎接灌云县建县八十周年，我们台里策划做一个风光片，需要拍摄一组海岛日出的镜头。那天下午，我们一行人付了300元的船费，迫不及待就要登岛。

可是船老大却笑了："登岛还要看潮水呢，可不是你说想去就去得了的！"

于是我们一行只好在港口的小旅馆里住下，耐心等待船老大的消息。

第二天凌晨，约莫3点多钟，船老大来敲门，说是可以走了。于是我们窸窸窣窣地摸黑上船，就跟电影里的偷渡客差不多，在初夏那凛冽的海风里，开始了我们的行程。

渔船在黑乎乎的大海上一起一落地颠簸，似乎比一片落叶也大不了多少。尽管船老大一脸见多识广的从容与淡定，可依旧不能哪怕稍稍缓解我们心头起起落落的慌乱。出游的新奇早已被海风吹得七零八落，一路上，大家连闲聊的兴致都没有了。

真是"望见山能跑死马"！也不知行驶了多长时间，直到东方露出了鱼肚白，渔船才慢吞吞地靠近了小岛。

开山岛真的是很小很小，海拔只有36.4米，面积仅仅0.013平方公里。小岛的南、北、东三岸均为岩石陡岸，只有西南岸为水泥岸壁码头，无论你是登岛还是离岛，都要选择潮水高涨时才能够靠船。据说在最辉煌的时期，这个岛上有海军的一个连队驻守，看护着我们的领海，看护着祖国的东大门。

那天在码头上迎接我们的是灌云县开山岛民兵哨所所长王继才和他的妻子王仕花，他们是岛上如今仅有的居民。也许是经受了太久的风吹日晒，两个人皮肤黑里透红，像岩石一样粗犷。在他们俩身后，还跟着一只淘气的小山羊。

因为王继才夫妇要忙着收蟹笼，我们要忙着拍片子，寒暄之后，大家就分头行动，于是宠物羊就成了我们的向导。也许是岛上的生活太寂寞了，小山羊见到我们这一群陌生的客人，不但不害怕，甚至还有几分孩子似的调皮，无论我们去哪儿，它都像尾巴一样紧紧跟在后面。有时为了引起更多的关注，它还会冷不丁用羊角顶你的屁股。休息时一位摄像师刚脱下外衣，它竟然像小狗一样叼起就跑，逗得我们煞是开心。

那天因为要赶着潮水离开，我们婉言谢绝了王继才夫妇共进午餐的热忱邀请。当时我们约定，有空闲一定要再来拜访。

2011年4月10日，我们再次登上开山岛，这一次在码头迎接我们的还是王继才和他的妻子王仕花。十年的时光似乎并没有太多地改变他们的容颜与性格，皮肤依旧是黑里透红，笑容依旧是淳朴憨厚。稍稍不同的是，他们身后的宠物变成了一只顽皮的小花狗。

问其缘由，王继才憨憨一笑："岛上长点草不容易呢！叫小羊糟践也太可惜了。"

我们听了心里微微一震。

王继才夫妇领着我们参观了当年部队的营房、山洞，又参观小岛最高处的灯塔。208级台阶，81间营房，说起开山岛的一草一木，性情木讷的王继才滔滔不绝，如数家珍，简直像是换了一个人。

从26岁那一年开始守岛，王继才和他的妻子在这个没有淡水，没有电，甚至连一棵树也不肯生长的孤岛上，已经生活了整整25个年头。寂寞吗？当然寂寞！辛苦吗？当然辛苦，甚至还有种种意想不到的危险呢。生性爽直的王继才从不掩饰自己的内心，他说刚上岛时，平素不沾烟酒的他一个月就喝光了30瓶白酒，抽掉了3条香烟。1989年，遇到那魔鬼一般的12级台风时，连小岛最高处的灯塔都被海浪给冲坏了，人躲在屋子里根本就不敢开门，那一次断粮断水整整三天。

可是，这样艰苦的环境为什么还要义无反顾地一直坚守呢？面对这样的提问，身为一名共产党员，王继才每一次的回答都毫不迟疑："国家的大门，总得有人来守啊！"

其实，这一句话，最初是从王继才二舅的嘴里说出来的。

王继才的二舅是一个老革命，曾经参加过抗日战争、解放战争和抗美援朝战争。王继才从童年起，就格外敬重这位颇富传奇色彩的英雄前辈。

从二舅的嘴里，王继才还得知，在1939年3月1日，日本侵略军第五师团正是以这小小的开山岛为跳板，在灌河口登陆，然后攻陷响水口、新安镇，侵占大伊山、板浦镇，一路烧杀抢掠，直逼苏北文化名城海州……据不完全统计，仅在灌云、赣榆和东海三个县，日寇就杀害约6960人，致残约2047人，强抓壮丁约4474人……

二舅语重心长地说："你千万不要小瞧这个弹丸之地开山岛啊！血的教训告诉我们，守住它，你就守住了家门，扼住了恶魔嗜血的欲望。所以说，再苦再累也一定要坚持下去！"

王继才说，二舅的话让他刻骨铭心，永生难忘！

25年来，王继才夫妇无怨无悔地坚守自己的诺言，坚守着一份海岛民兵的坚韧与赤诚，光荣与崇高。开山岛民兵哨所先后被国防部嘉奖为"以劳养武"先进单位，被省军区授予"一类民兵哨所"荣誉称号。王继才也多次荣获省市县"国防工程先进管护员""五一劳动模范"和"先进工作者"等殊荣。

2011年4月25日

守岛的汉子

——写给开山岛守护者王继才

徐继东　作词

伟大从平凡开始，

淳朴向崇高看齐，

一滴一滴汗水一年一年洗礼，

让岁月锻铸成传奇。

啊！每一朵浪花都在深情歌唱，

每一块礁石都会刻骨铭记，

那个守岛的汉子呀，迎风傲立，

用青春守护一面五星红旗。

收获从播种开始，

果实向花朵敬礼，

一天一天拔节一天一天茁壮，

让执着绽放成美丽。

啊！每一只海鸥都在声声呼唤，

每一缕晨风都在默默回忆，

那个守岛的汉子呀，化作灯塔，

用无悔守护一方神圣土地。

2018 年 8 月 7 日

"我对楷模有话说"主题征文活动

亲爱的同学，阅读完这本"时代楷模"的故事，你是不是有些感动，心里是不是有很多话想向时代楷模说？

你可以将你的所思所想所感写下来，发给我们。你对楷模说的话，可能会亲自送到楷模手中，你会收到楷模的回信；你还可能受邀与楷模见面交流哦！优秀的作品，我们还会专门结集成册出版。

参加"我对楷模有话说"主题征文活动，请阅读以下详情：

一、参与方式：

1. 活动本着"自愿参加"的原则，不收取任何费用。

2. 活动面向全国四年级（含四年级）以上在校小学生，可个人参加，也可以学校、区、市、省为单位统一组织参加。

3. 征文活动的通知、作品提交、获奖名单公布等相关信息动态均在主办方海豚出版社的官网及微信公众号上发布。

4. 所有征文作品一经提交，即视为作者同意主办方对作品有编辑、修改、出版、发行等权利。优秀作品将在相关网站或平台上推送，或选编出版。

二、征文征集时间：

本征文活动长期有效，每年评选一批优质作品。活动截稿时间为每年 12 月 31 日，评选结果将于次年 3 月发布。

三、征文要求：

1. 题目自拟，紧扣主题，思想、态度积极向上。

2. 角度新颖，语句通顺，内容贴近生活，表达真情实感。

3. 体裁不限，记叙文、日记、书信、读后感、诗歌、童话等皆可。

4. 字数要求：四、五、六年级组字数分别不少于400字、500字和600字。

5. 内容必须为原创，不得抄袭，一经发现即取消参评资格。

6. 文后请附："省 + 市 + 区县 + 学校 + 年级 + 姓名"及联系方式。

例：江苏省 ** 市 ** 区 ** 学校四年级一班 孙苗苗

联系方式：电子邮箱、手机号

7. 征文以电子版 word 文档的形式发到邮箱 sdkmzhengwen@dolphinbooks. cn，邮件主题写明"学校 + 年级 + 姓名"。

四、优秀征文评选办法：

1. 征文评比按不同年级分组别进行，主办方组织评选委员会进行评选，分年级组评选出一、二、三等奖及优秀奖。获奖参考比例：一等奖为1%，二等奖为3%，三等奖为5%，优秀奖为8%。

获奖学生除获得由主办方颁发的荣誉证书外，还将获得以下奖励：一等奖，价值1000元的奖品；二等奖，价值500元的奖品；三等奖，价值200元的奖品。

2. 以学校、区市省为单位统一组织参加主题征文活动的学校和单位，根据具体情况评选优秀组织奖，颁发"学习楷模先进单位"荣誉证书。

（本活动最终解释权归海豚出版社所有）